中华人民共和国
著作权法

注释本

法律出版社法规中心 编

法律出版社
LAW PRESS CHINA
·北京·

图书在版编目（CIP）数据

中华人民共和国著作权法注释本 / 法律出版社法规中心编. -- 3 版. -- 北京：法律出版社，2025.（法律单行本注释本系列）. ISBN 978-7-5197-9683-9

Ⅰ. D923.415

中国国家版本馆 CIP 数据核字第 2024RG4308 号

中华人民共和国著作权法注释本
ZHONGHUA RENMIN GONGHEGUO
ZHUZUOQUANFA ZHUSHIBEN

法律出版社 编
法规中心

责任编辑 陈昱希
装帧设计 李 瞻

出版发行	法律出版社	开本	850 毫米 × 1168 毫米 1/32
编辑统筹	法规出版分社	印张	4.375　字数 107 千
责任校对	张红蕊	版本	2025 年 1 月第 3 版
责任印制	耿润瑜	印次	2025 年 1 月第 1 次印刷
经　　销	新华书店	印刷	北京盛通印刷股份有限公司

地址:北京市丰台区莲花池西里 7 号（100073）
网址:www.lawpress.com.cn　　　销售电话:010-83938349
投稿邮箱:info@lawpress.com.cn　　客服电话:010-83938350
举报盗版邮箱:jbwq@lawpress.com.cn　咨询电话:010-63939796
版权所有·侵权必究

书号:ISBN 978-7-5197-9683-9　　定价:20.00 元
凡购买本社图书，如有印装错误，我社负责退换。电话:010-83938349

编辑出版说明

现代社会是法治社会，社会发展离不开法治护航，百姓福祉少不了法律保障。遇到问题依法解决，已经成为人们处理矛盾、解决纠纷的不二之选。然而，面对纷繁复杂的法律问题，如何精准、高效地找到法律依据，如何完整、准确地理解和运用法律，日益成为人们"学法、用法"的关键所在。

为了帮助读者快速准确地掌握"学法、用法"的本领，我社开创性地推出了"法律单行本注释本系列"丛书，至今已十余年。本丛书历经多次修订完善，现已出版近百个品种，涵盖了社会生活的重要领域，已经成为广大读者学习法律、应用法律之必选图书。

本丛书具有以下特点：

1. 出版机构权威。成立于1954年的法律出版社，是全国首家法律专业出版机构，始终秉承"为人民传播法律"的宗旨，完整记录了中国法治建设发展的全过程，享有"社会科学类全国一级出版社"等荣誉称号，入选"全国百佳图书出版单位"。

2. 编写人员专业。本丛书皆由相关法律领域内的专业人士编写，确保图书内容始终紧跟法治进程，反映最新立法动态，体现条文本义内涵。

3. 法律文本标准。作为专业的法律出版机构，多年来，我社始终使用全国人民代表大会常务委员会公报刊登的法律文本，积淀了丰富的标准法律文本资源，并根据立法进度及时更新相关内容。

4. 条文注解精准。本丛书以立法机关的解读为蓝本，给每个条文提炼出条文主旨，并对重点条文进行注释，使读者能精准掌握立法意图，轻松理解条文内容。

5. 配套附录实用。书末"附录"部分收录的均为重要的相关法律、法规、司法解释及"两高"指导性案例，使读者在使用中更为便捷，使全书更为实用。

需要说明的是，本丛书中"适用提要""条文主旨""条文注释"等内容皆是编者为方便读者阅读、理解而编写，不同于国家正式通过、颁布的法律文本，不具有法律效力。本丛书不足之处，恳请读者批评指正。

我们用心打磨本丛书，以期待为法律相关专业的学生释法解疑，致力于为每个公民的合法权益撑起法律的保护伞。

法律出版社法规中心
2024 年 12 月

目 录

《中华人民共和国著作权法》适用提要 …………………… 1

中华人民共和国著作权法

第一章 总则………………………………………………… 5
 第一条 立法目的和立法依据……………………… 5
 第二条 适用范围…………………………………… 6
 第三条 作品的定义和范围………………………… 9
 第四条 监督管理…………………………………… 11
 第五条 不适用客体………………………………… 11
 第六条 民间文学艺术作品的保护………………… 12
 第七条 著作权主管部门…………………………… 14
 第八条 著作权集体管理组织……………………… 15
第二章 著作权……………………………………………… 17
 第一节 著作权人及其权利………………………… 17
  第九条 著作权人………………………………… 17
  第十条 著作权内容……………………………… 18
 第二节 著作权归属………………………………… 21
  第十一条 著作权归属…………………………… 21
  第十二条 确定作者及作品登记………………… 22
  第十三条 演绎作品著作权归属………………… 23
  第十四条 合作作品著作权归属………………… 25
  第十五条 汇编作品著作权归属………………… 26
  第十六条 使用者与著作权人之间权利义务…… 28

第十七条　视听作品的著作权归属……………… 28
第十八条　职务作品著作权归属………………… 30
第十九条　委托作品著作权归属………………… 32
第二十条　作品原件的转移……………………… 33
第二十一条　著作权的继承与承受……………… 34
第三节　权利的保护期……………………………… 35
第二十二条　署名权、修改权、保护作品完整权的
保护期……………………………… 35
第二十三条　发表权、财产权的保护期………… 36
第四节　权利的限制………………………………… 37
第二十四条　合理使用著作权…………………… 37
第二十五条　法定许可…………………………… 40

第三章　著作权许可使用和转让合同…………………… 41
第二十六条　许可使用合同……………………… 41
第二十七条　著作权转让合同…………………… 43
第二十八条　著作权质押………………………… 46
第二十九条　未许可、转让的权利……………… 47
第三十条　使用作品付酬标准…………………… 48
第三十一条　禁止侵犯作者权利………………… 49

第四章　与著作权有关的权利…………………………… 50
第一节　图书、报刊的出版………………………… 50
第三十二条　出版合同…………………………… 50
第三十三条　专有出版权………………………… 51
第三十四条　作品的交付及重印、再版………… 52
第三十五条　作品的投稿、转载………………… 53
第三十六条　作品的修改、删节………………… 55
第三十七条　版式设计专有使用权……………… 56

第二节　表演 ··· 58
　　　第三十八条　表演者的义务 ································ 58
　　　第三十九条　表演者的权利 ································ 59
　　　第四十条　职务表演 ··· 60
　　　第四十一条　表演者权利的保护期 ······················ 61
　　第三节　录音录像 ··· 62
　　　第四十二条　录音录像制作者使用作品 ·············· 62
　　　第四十三条　录音录像合同和报酬 ······················ 63
　　　第四十四条　录音录像制作者专有权和权利保护期 ······ 64
　　　第四十五条　录音作品制作者针对特定使用情形的
　　　　　　　　　获酬权 ··· 65
　　第四节　广播电台、电视台播放 ···························· 67
　　　第四十六条　广播电台、电视台使用作品 ··········· 67
　　　第四十七条　广播组织专有权和权利保护期 ······· 68
　　　第四十八条　电视台播放他人作品 ······················ 69
第五章　著作权和与著作权有关的权利的保护 ············ 70
　　第四十九条　技术措施 ·· 70
　　第五十条　技术保护措施限制与例外 ····················· 71
　　第五十一条　保护权利管理信息 ···························· 72
　　第五十二条　侵权行为的民事责任 ························ 74
　　第五十三条　侵权行为的法律责任 ························ 79
　　第五十四条　赔偿标准和销毁处置机制 ················· 81
　　第五十五条　主管部门行使职权 ···························· 83
　　第五十六条　诉前财产保全措施和禁止令 ············· 85
　　第五十七条　诉前证据保全 ··································· 86
　　第五十八条　法院对侵权行为的民事制裁 ············· 87
　　第五十九条　过错推定 ·· 88
　　第六十条　纠纷解决途径 ······································· 90

第六十一条　法律适用的衔接性规定 ………………… 91
第六章　附则 …………………………………………………… 91
　　第六十二条　版权 …………………………………………… 91
　　第六十三条　出版 …………………………………………… 92
　　第六十四条　计算机软件、信息网络传播权 …………… 94
　　第六十五条　摄影作品的保护期溯及力 ………………… 95
　　第六十六条　著作权法溯及力 …………………………… 96
　　第六十七条　施行时间 ……………………………………… 97

附录一　相关法规

中华人民共和国著作权法实施条例(2013.1.30 修订) ……… 98
实施国际著作权条约的规定(2020.11.29 修订) …………… 103
著作权集体管理条例(2013.12.7 修订) ……………………… 106
最高人民法院关于加强著作权和与著作权有关的权利保护
　的意见(2020.11.16) ………………………………………… 116
最高人民法院关于审理著作权民事纠纷案件适用法律若干
　问题的解释(2020.12.29 修正) …………………………… 119

附录二　指导性案例

最高人民法院涉著作权指导案例汇总 ……………………… 124
最高人民检察院涉著作权指导案例汇总 …………………… 128

《中华人民共和国著作权法》适用提要

《著作权法》①是法律关系复杂、调整主体众多、涉及面广泛的一部知识产权专门法，规定了我国著作权保护领域的基本制度。我国第一部《著作权法》诞生于1990年9月7日，为第七届全国人民代表大会常务委员会第十五次会议通过，自1991年6月1日起施行，后经2001年、2010年、2020年三次修正，对鼓励作品的创作和传播，保护创作者、传播者、使用者等的合法权益，促进我国文化和科学事业的发展与繁荣发挥了重要作用。

1992年，我国加入了《伯尔尼保护文学和艺术作品公约》（以下简称《伯尔尼公约》）和《世界版权公约》。此前，由于没有《著作权法》，也没有加入任何国际版权公约，因此，中外双方互不承担保护对方作品版权的法律义务。

2001年10月27日，为了加入世界贸易组织，国内各知识产权专门法必须与《与贸易有关的知识产权协定》相衔接，同时也要回应新技术发展带来的诸多挑战，第九届全国人民代表大会常务委员会第二十四次会议对《著作权法》进行了第一次修正。这次修正幅度较大，亮点很多：将杂技、建筑作品列入法定作品类型，吸纳了《著作权法实施条例》中的著作权集体管理条款，首次规定了

---

① 为方便阅读，本书中的法律法规名称均使用简称。

著作权集体管理制度的基本原则，新增了信息网络传播权这个重要权项，取消了出版权必须十年专有的限制，规定了教科书"法定许可"，设定了法定赔偿数额和诉前禁令等。第一次修改后的《著作权法》，对于调整我国入世后版权的创作、运用、管理、保护均发挥了重要作用，推动了我国版权事业的发展。

2010年2月26日，为了履行世界贸易组织对中美知识产权争端的裁决，第十一届全国人民代表大会常务委员会第十三次会议对《著作权法》进行了第二次修正。这次仅仅修改了"1条半"，即将第4条前半句"依法禁止出版、传播的作品不受本法保护"，修改为"国家对作品的出版、传播依法进行监督管理"，变成该条的后半句。同时在第26条增加了"以著作权出质的，由出质人和质权人向国务院著作权行政管理部门办理出质登记"。这是《著作权法》颁布30年来最简单的一次修改。

2020年是《著作权法》颁布30周年。30年来，《著作权法》对规范、鼓励文学、艺术和科学作品的创作、传播、版权保护、管理，促进经济社会文化和科学事业的发展与繁荣发挥了重要作用。但是，日新月异的科技进步和社会发展也给版权的创作、传播、使用、管理、保护带来了很多新问题、新挑战，《著作权法》虽然经过两次修改，但很多条款依然相对滞后。时代呼唤我们必须与时俱进，对《著作权法》作出进一步调整和完善。

2020年11月11日第十三届全国人民代表大会常务委员会第二十三次会议对《著作权法》进行了第三次修正。此次修改根据我国经济社会文化发展的现实需要，针对新技术发展和新产业、新兴业态反映的新问题，以及长期困扰权利人的取证难、维权难、维权成本高、侵权赔偿低等问题，积极回应社会关切，明晰了版权作品创作、传播、使用、管理、保护的法律边界和法律责任，主要体现在以下几个方面：

(一)根据实践发展需要修改有关概念表述和新增制度措施

为了适应新技术高速发展和应用对著作权立法提出的新要求,解决此前的《著作权法》部分规定难以涵盖新事物、无法适应新形势等问题,2020年《著作权法》作出以下规定:一是将"电影作品和以类似摄制电影的方法创作的作品"修改为"视听作品"。二是增加作品登记制度,方便公众了解作品权利归属情况。三是修改广播权有关表述,以适应网络同步转播使用作品等新技术发展的要求。四是明确广播电台电视台作为邻接权人时,权利客体是其播放的"载有节目的信号",对其播放的"载有节目的信号"享有信息网络传播权。五是增加有关技术措施和权利管理信息的规定,以解决技术措施和权利管理信息线上线下一体保护的问题。

(二)加大著作权执法力度和对侵权行为的处罚力度

为解决著作权维权难,主管部门执法手段偏少、偏软,对侵权行为处罚偏轻的问题,2020年《著作权法》作了以下规定:一是对于侵权行为情节严重的,可以适用赔偿数额1倍以上5倍以下的惩罚性赔偿。二是将法定赔偿额上限由50万元提高到500万元。三是增加权利许可使用费的倍数作为赔偿金额的计算参照,增加责令侵权人提供与侵权有关的账簿、资料制度。四是增加著作权主管部门询问当事人、调查违法行为、现场检查,查阅、复制有关资料以及查封、扣押有关场所和物品等职权。五是增加滥用著作权或者与著作权有关的权利、扰乱传播秩序的行为的法律责任,进一步明确侵犯著作权损害公共利益行为的法律责任。

(三)加强与其他法律的衔接,落实我国近年来加入的有关国际条约义务

为了与民法、合同法、民事诉讼法等其他法律保持一致,2020年《著作权法》作了以下规定:一是将"公民"修改为"自然人",将"其他组织"修改为"非法人组织"。二是删去违约责任、诉讼权利和保全等条款,增加"当事人因不履行合同义务或者履行合同义

务不符合约定而承担民事责任,以及当事人行使诉讼权利、申请保全等,适用有关法律的规定"的衔接性条款。

为了将我国加入的有关国际条约的要求落到实处,回应国际关切,2020年《著作权法》作了以下规定:一是明确出租权的对象是视听作品、计算机软件的原件或者复制件。二是延长摄影作品的保护期。三是在有关合理使用的条款中规定"不得影响该作品的正常使用,也不得不合理地损害著作权人的合法权益"等内容,将盲人的合理使用扩大到阅读障碍者。四是增加表演者许可他人出租录有其表演的录音录像制品并获得报酬的权利。五是增加录音制作者广播获酬权和机械表演权。

中华人民共和国著作权法

（1990年9月7日第七届全国人民代表大会常务委员会第十五次会议通过　根据2001年10月27日第九届全国人民代表大会常务委员会第二十四次会议《关于修改〈中华人民共和国著作权法〉的决定》第一次修正　根据2010年2月26日第十一届全国人民代表大会常务委员会第十三次会议《关于修改〈中华人民共和国著作权法〉的决定》第二次修正　根据2020年11月11日第十三届全国人民代表大会常务委员会第二十三次会议《关于修改〈中华人民共和国著作权法〉的决定》第三次修正）

第一章　总　　则

第一条　【立法目的和立法依据】①为保护文学、艺术和科学作品作者的著作权，以及与著作权有关的权益，鼓励有益于社会主义精神文明、物质文明建设的作品的创作和传播，促进社会主义文化和科学事业的发展与繁荣，根据宪法制定本法。

条文注释②

"与著作权有关的权益"，又称邻接权，是指保护传播者因传

---

①② 条文主旨、条文注释为编者所加，仅供参考，下同。——编者注

播作品而产生的正当权益。出版者、表演者、录音录像制作者、广播电台、电视台是作品的主要传播者,他们在作者和公众之间起到了桥梁的作用。他们在传播作品时付出了创造性劳动,从而使被传播的作品以一种新的方式表现出来。他们的创造性劳动也应受到鼓励,他们因传播作品而产生的正当权益也应给予保护。为此,《著作权法》规定了出版者、表演者、录音录像制作者、广播电台、电视台的权利。不过,需要指出的是,传播者的权利是从作者的权利中派生出来的,因此传播者享有和行使权利,不得侵犯作者的权利。

《著作权法》的立法目的主要包括:保护作者因创作作品而产生的正当权益,保护传播者因传播作品而产生的正当权益,鼓励有益于社会主义精神文明和物质文明建设的作品的创作和传播,促进社会主义文化和科学事业的发展与繁荣。

《著作权法》的立法根据是《宪法》,其制定和修改体现了《宪法》的原则,是对宪法原则的具体化,以保障宪法的贯彻实施。

关联法规
《宪法》第47条

第二条 【适用范围】中国公民、法人或者非法人组织的作品,不论是否发表,依照本法享有著作权。

外国人、无国籍人的作品根据其作者所属国或者经常居住地国同中国签订的协议或者共同参加的国际条约享有的著作权,受本法保护。

外国人、无国籍人的作品首先在中国境内出版的,依照本法享有著作权。

未与中国签订协议或者共同参加国际条约的国家的作者以及无国籍人的作品首次在中国参加的国际条约的成员国出版的,或者在成员国和非成员国同时出版的,受本法保护。

条文注释

本条采取了国际通行的做法,即实行国籍原则、互惠原则和地域原则来确定《著作权法》的适用范围。

国籍原则是根据著作权主体的所在国籍来确定给予著作权保护的原则,本条第 1 款规定体现了国籍原则。值得注意的是,我国《著作权法》对具有本国国籍的作者的保护是基于作品的完成,无论其是否发表,而《伯尔尼公约》和《世界版权公约》则要求无论作品是否已经出版。这里的"发表"和"出版"含义不同。根据《著作权法》第 10 条的规定,"发表"是指将作品公之于众,公之于众的方式可以是任何一种方式,并不限于出版的方式,如音乐作品的演奏、文学作品的公开朗诵、美术作品的展出等出版以外的其他方式。而"出版"是指作品的复制、发行。《世界版权公约》规定,出版是指以物质形式复制向公众提供可以阅读和通过视觉知悉的作品的复制品。根据《伯尔尼公约》第 3 条的规定,出版是指将作品的复制件以满足公众合理需要的方式发行。从上述规定可以看出,"出版"的含义比"发表"要窄,如口头诵读一首未公开的诗歌,属于作品的发表,但不构成作品的出版。

互惠原则是根据国与国之间所签订的协议或者共同参加的国际条约来确定给予著作权保护的原则,《著作权法》第 2 款体现了互惠原则。适用该款规定有以下三个条件:第一,外国人的所属国或者经常居住地国、无国籍人的经常居住地国同中国签订了有关著作权的协议或者共同参加了有关著作权的国际条约。这里所说的"外国人",包括外国的自然人、法人和不具备法人资格的外国组织。这里还应当指出,与 2010 年《著作权法》的表述相比,保护的主体增加了"无国籍人"。由此可以看出,修改后的《著作权法》保护的主体范围扩大了,只要满足本条规定的条件,无国籍人的作品也受《著作权法》保护。这也是符合《伯尔尼公约》的要求:非本同盟任何成员国的国民但其经常住所在一个成员国内的作者,享有该成员国国民的待遇。第二,该协议或者国际公约承认该外国人或者无国籍人的作品享有著作权。第三,该协议或者国际条约要求协议国或者参加国相互保护其承认的著作权。满足上述三个条件的外国人或者无国籍人的作品,才受本法保护。例如,《伯尔尼公约》要求成员国保护小说作品,法国是公约的成员国,法国作者的小说即使未在中国出版,也受我国《著作权法》保护,我国的公民、法人或者其他组织不得未经许可,任意使用该小说作品。又如,某国既未参加任何国际著作权公约,也未与我国签订有关著作权的双边协议,因此,某国作者的小说,如果未在我国境内首次出版,或者未在中国参加的国际条约的成员国首次出版,或者未在成员国和非成员国同时出版,在我国就不享有著作权,我国公民、法人或者其他组织可以使用该小说作品而不经其许可,不向其支付报酬。

地域原则是根据著作权主体所创作的作品首先出版地来确定给予著作权保护的原则,本条第3款、第4款的规定体现了地域原则。其中,第3款的规定与2010年《著作权法》规定相比,有两处修改。一是增加规定了无国籍人的作品,扩大了著作权保护的主体范围。二是将"发表"修改为"出版"。由于《伯尔尼公约》要求,作者为非伯尔尼公约成员国的公民,只要其作品是在本同盟的一个成员国"首次出版",就可以作为其享受国民保护标准的条件。因此,我们将"首先在中国境内发表"修改为"首先在中国境内出版",即该外国人或者无国籍人的作品的复制、发行第一次发生在我国境内。另外,2020年修改《著作权法》时,增加了本条第4款的规定。适用第4款有以下两个条件:(1)作者是无国籍人、外国人。该外国人的所属国未同我国签订有关著作权的双边协议,也未同我国共同加入有关著作权的某个国际公约。(2)该作者的作品首次在中国参加的国际条约的成员国出版,或首次在成员国与非成员国同时出版。这里应当注意"同时出版"并不是要求在同一分或同一秒发生。《伯尔尼公约》对"同时出版"的界定是:一个作品在首次出版后30天内在2个以上国家内出版,则该作品应视为在这几个国家内同时出版。

关联法规

《著作权法实施条例》第6～8条,《伯尔尼公约》第3、5条,《世界版权公约》

> **第三条　【作品的定义和范围】**本法所称的作品,是指文学、艺术和科学领域内具有独创性并能以一定形式表现的智力成果,包括:
> （一）文字作品;
> （二）口述作品;
> （三）音乐、戏剧、曲艺、舞蹈、杂技艺术作品;
> （四）美术、建筑作品;
> （五）摄影作品;
> （六）视听作品;
> （七）工程设计图、产品设计图、地图、示意图等图形作品和模型作品;
> （八）计算机软件;
> （九）符合作品特征的其他智力成果。

条文注释

本条是关于著作权客体的规定,即规定了《著作权法》所称的作品应具备的条件和作品的具体表现形式。

与旧条文相比,本条对作品的范围进行了修改和完善。一是明确了作品的定义,即"本法所称的作品,是指文学、艺术和科学领域内具有独创性并能以一定形式表现的智力成果";二是将"电影作品和以类似摄制电影的方法创作的作品"修改为"视听作品";三是完善了兜底性规定,将"法律、行政法规规定的其他作品"修改为"符合作品特征的其他智力成果"。

2020年修法在列举作品种类的基础上,借鉴《著作权法实施条例》的规定,对作品的定义作出规定,进一步明确了作品的内涵和外延。根据本条规定的作品定义,作为《著作权法》所称的作品应具备以下三个条件:其一,必须具有独创性。所谓创作,是指文学、艺术和科学作品的创造,即作者通过对政治、经济、文化和其他社会生活进行观察、体验、研究、分析,并对社会生活的素材加以选择、提炼、加工,运用自己的构思、技巧,塑造出艺术形象或表述科学技术的创造性劳动。其二,必须属于文学、艺术和科学领域内的创作。其三,必须是能以一定形式表现的智力成果。作者必须以文字、言语、符号、声音、动作、色彩等一定的表现形式将其无形的思想表达出来,使他人能够通过感官来感觉其存在。若没有一定的表现形式,思想仅存在于脑海之中,他人无法感知,则不能被称为作品。简言之,著作权保护表达,不保护思想,这是当今世界广为接受的基本原则。

关联法规

《与贸易有关的知识产权协定》第9条第2款、第10条,《世界知识产权组织版权条约》第2条,《伯尔尼公约》第2条,《实施国际著作权条约的规定》第6条,《著作权法实施条例》第2~4条,《最高人民法院关于审理侵害信息网络传播权民事纠纷案件适用法律若干问题的规定》

关联案例

洪某远、邓某香诉贵州五福坊食品有限公司、贵州今彩民族文化研发有限公司著作权侵权纠纷案,(2015)筑知民初字第17号;

张某燕诉雷某和、赵某、山东爱书人音像图书有限公司著作权侵权纠纷案,(2010)济民三初字第84号

第一章 总　则　11

第四条　【监督管理】著作权人和与著作权有关的权利人行使权利,不得违反宪法和法律,不得损害公共利益。国家对作品的出版、传播依法进行监督管理。

条文注释

本条是关于守法和公共利益原则以及国家依法监督管理的规定。

关联法规

《音像制品管理条例》第3条,《电影管理条例》第5条第1款、第25条,《伯尔尼公约》第17条

关联案例

广东中凯文化发展有限公司与广东省深圳市腾讯计算机系统有限公司信息网络传播权侵权纠纷案,(2008)深南法知民初字第137号、(2009)深中法民三终字第36号;

广东省佛山市弘兴医药有限公司与湘北威尔曼制药股份有限公司著作权纠纷案,(2012)佛城法知民初字第279号、(2013)佛中法知民终字第14号

第五条　【不适用客体】本法不适用于:

(一)法律、法规,国家机关的决议、决定、命令和其他具有立法、行政、司法性质的文件,及其官方正式译文;

(二)单纯事实消息;

(三)历法、通用数表、通用表格和公式。

条文注释

2020年修订,对于第5条规定的不适用《著作权法》的客体,将"时事新闻"修改为"单纯事实消息"。

过去采用"时事新闻"的表述,将时事新闻排除出《著作权法》的保护。这里的关键在于要区分时事新闻和时事新闻作品。

时事新闻作为一种事实,不受《著作权法》的保护,但作者根据时事新闻所创作的时事新闻作品则受《著作权法》的保护。实践中,很多人没有区分时事新闻和时事新闻作品,在转载他人采集的新闻报道时就用这一条规定对抗侵权指控,使媒体业的权利受到很大损害。

实际上,《著作权法实施条例》第5条对于"时事新闻"定义限定在了"单纯事实消息"。《最高人民法院关于审理著作权民事纠纷案件适用法律若干问题的解释》第16条对于"时事新闻"的含义进行了进一步的界定,强调只有"通过大众传播媒介传播的单纯事实消息"才属于《著作权法》第5条第2项规定的时事新闻。2020年修订将其表述为"单纯事实消息",在沿袭了实施条例及司法解释精神的基础上,更好地保护新闻作品的著作权,使"搬运"和"洗稿"行为面临更严格的法律约束。

关联法规

《著作权法实施条例》第5条,《最高人民法院关于审理著作权民事纠纷案件适用法律若干问题的解释》第16条

关联案例

广东大哥大集团有限公司与三六一度(中国)有限公司著作权权属、侵权纠纷案,(2014)闽民终字第680号;

福建侨龙专用汽车有限公司与陈猛专利权侵权纠纷上诉案,(2015)闽民终字第990号

第六条 【民间文学艺术作品的保护】民间文学艺术作品的著作权保护办法由国务院另行规定。

条文注释

关于民间文学艺术作品的概念,《保护民间文学表达形式,防止不正当利用及其他侵害行为的国内法示范法条》第2条规定:民间文学表达形式,是指由传统艺术遗产的特有因素构成的,由××国的某居民团体(或反映该团体的传统艺术发展的个

人)所发展和保持的产品。通过该定义可以看出,民间文学艺术作品是一种世代相传、长期演变、没有特定作者、反映某一社会群体文学艺术特性的作品。民间文学艺术作品的特征如下:

第一,民间文学艺术作品是一种通过某个社会群体几代人的不断模仿而进行的非个人的、连续的、缓慢的创作活动过程的产物。

第二,民间文学艺术作品的表现形式丰富。在我国,民间文学艺术作品表现形式有文字、口述、音乐、戏剧、舞蹈、美术作品等。生活习惯、传统礼仪、宗教信仰、科学观点不属于民间文学艺术作品。《保护民间文学表达形式,防止不正当利用及其他侵害行为的国内法示范法条》第2条规定,民间文学表达形式包括:(1)口头表达形式,如民间故事、民间诗歌及民间谜语;(2)音乐表达形式,如民歌及器乐;(3)活动表达形式,如民间舞蹈,民间游戏,民间艺术形式或民间宗教仪式;(4)有形的表达形式,如①民间艺术品,尤其是笔画、彩画、雕刻、雕塑、陶器、拼花(拼图)、木制品、金属器皿、珠宝饰物、编织、刺绣、纺织品、地毯、服装式样;②乐器;③建筑艺术形式。

第三,民间文学艺术作品的作者是创作该民间文学艺术作品的社会群体。这个社会群体可以是一个民族,也可以是本民族的某个村落,还可以是几个民族。民间文学艺术作品无具体的作者。表演民间文学艺术作品的某个说唱人、舞蹈人,不是民间文学艺术作品的作者。

第四,民间文学艺术作品的权利属于创作、保存该民间文学艺术作品的社会群体。

第五,民间文学艺术作品权利的保护,不受时效的限制。民间文学艺术作品的修改权永远由创作、保存该作品的社会群体享有,民间文学艺术作品的财产权亦不存在保护期间。

第六,在传统和习惯范围内使用民间文学艺术作品都属于合理使用,即使营利使用,也无须经许可,不支付报酬。

第七,民间文学艺术作品的权利由创作、保存该作品的社会群体行使,或者民间文学艺术作品的财产权利由当地民间文学艺术的主管部门行使。

第八,民间文学艺术作品的财产权利不能转让,但允许授权使用。

第九,在以营利为目的,并于传统和习惯之外使用民间文学艺术作品,应当取得民间文学艺术主管部门或者有关社会群体的许可。

关联法规

《保护民间文学表达形式,防止不正当利用及其他侵害行为的国内法示范法条》、《国家新闻出版广电总局对十二届全国人大三次会议第5144号建议的答复》、《非物质文化遗产法》第44条

关联案例

郭某等诉黑龙江省饶河县四排赫哲族乡人民政府侵犯著作权纠纷案,(2003)高民终字第246号

第七条 【著作权主管部门】国家著作权主管部门负责全国的著作权管理工作;县级以上地方主管著作权的部门负责本行政区域的著作权管理工作。

条文注释

为加强党对新闻舆论工作的集中统一领导,加强对出版活动的管理,发展和繁荣中国特色社会主义出版事业,将国家新闻出版广电总局的新闻出版管理职责划入中央宣传部。中央宣传部对外加挂国家新闻出版署(国家版权局)牌子。国家新闻出版署(国家版权局)的主要职责是:(1)贯彻实施著作权法律、法规,制定与著作权行政管理有关的办法;(2)查处在全国有重大影响的著作权侵权案件;(3)批准设立涉外代理机构并监督、指导其工作;(4)负责著作权涉外管理工作;(5)负责国家享有的著作权管理工作;(6)指导地方著作权行政管理部门的工作;

(7)承担国务院交办的其他著作权管理工作。

2020年修法,将"国家著作权行政管理部门"修改为"国家著作权主管部门",并将"主管"改为"负责"。此外,为了加强对著作权的保护,2020年修法还将各省、自治区、直辖市人民政府的著作权管理部门扩大到县级以上地方主管著作权的部门。尤为值得强调的是,将地方管理部门由省级扩大到县级,主要是赋予基层执法管理权。《党和国家机构改革方案》提出,整合组建文化市场综合执法队伍,统一行使文化、文物、出版、广播电视、电影、旅游市场行政执法职责。各地应当根据有关改革要求,整合执法力量,推进综合执法,加强对著作权的保护力度。

第八条 【著作权集体管理组织】著作权人和与著作权有关的权利人可以授权著作权集体管理组织行使著作权或者与著作权有关的权利。依法设立的著作权集体管理组织是非营利法人,被授权后可以自己的名义为著作权人和与著作权有关的权利人主张权利,并可以作为当事人进行涉及著作权或者与著作权有关的权利的诉讼、仲裁、调解活动。

著作权集体管理组织根据授权向使用者收取使用费。使用费的收取标准由著作权集体管理组织和使用者代表协商确定,协商不成的,可以向国家著作权主管部门申请裁决,对裁决不服的,可以向人民法院提起诉讼;当事人也可以直接向人民法院提起诉讼。

著作权集体管理组织应当将使用费的收取和转付、管理费的提取和使用、使用费的未分配部分等总体情况定期向社会公布,并应当建立权利信息查询系统,供权利人和使用者查询。国家著作权主管部门应当依法对著作权集体管理组织进行监督、管理。

> 著作权集体管理组织的设立方式、权利义务、使用费的收取和分配,以及对其监督和管理等由国务院另行规定。

条文注释

2020年修法明确了著作权集体管理组织需经依法设立,著作权集体管理组织的性质为非营利法人,可以根据授权为权利人维权并作为当事人参与相关诉讼、仲裁与调解活动,并增加规定了著作权集体管理组织关于使用费的收取及使用费的协商与纠纷解决机制,以及著作权集体管理组织关于使用费、管理费、信息公开等内部治理规定及主管部门的外部监管规定。

(1)著作权集体管理组织的设立模式。本条第1款中关于"依法设立的"表述,说明我国目前的著作权集体管理组织的设立模式及制度安排仍然采取许可制而非注册制,《著作权集体管理条例》规定,设立著作权集体管理组织需要向相关主管部门提交申请,经过审批取得许可证。

(2)著作权集体管理组织的性质。2020年修订明确了著作权集体管理组织的性质是非营利法人。非营利法人要求为公益目的或者其他非营利目的的成立,并不向出资人、设立人或者会员分配所取得利润。结合《民法典》关于"非营利法人"及《著作权集体管理条例》关于"著作权集体管理组织应当依照有关社会团体登记管理的行政法规和本条例的规定进行登记并开展活动"的相关规定,著作权集体管理组织应当属于非营利法人中的社会团体法人。

(3)著作权集体管理组织的权利来源于授权。著作权集体管理组织被授权后,可以以自己的名义为著作权人和与著作权有关的权利人主张权利,并可以作为当事人进行涉及著作权或者与著作权有关的权利的诉讼、仲裁、调解活动。

(4)延伸性集体管理问题。此前产业界和学术界特别关注的延伸性集体管理(非会员权利的管理)、在线音乐著作权的法定许可等问题,在2020年修订中未涉及,2020年修订仍沿用了著作权集体管理组织行使权利需要来源于授权的规定内容。

(5)使用费费率协商与纠纷解决机制。2020修订增加规定了,著作权集体管理组织根据授权向使用者收取使用费。

(6)使用费分配与内部治理及外部监管。2020修订规定,著作权集体管理组织应当将使用费收取和转付、管理费提取和使用、使用费未分配部分等情况定期向社会公布,并应当建立权利信息查询系统,供权利人和使用者查询,国家著作权主管部门应当依法对著作权集体管理组织进行监督、管理。2020年修订,只规定了内部治理及外部监管要求,未规定纠纷解决机制,有关著作权集体管理组织的设立、使用费分配及监管由国务院另行规定。

关联法规

《民法典》第87条,《著作权集体管理条例》第9条

第二章 著 作 权

第一节 著作权人及其权利

第九条 【著作权人】著作权人包括:

(一)作者;

(二)其他依照本法享有著作权的自然人、法人或者非法人组织。

条文注释

所谓著作权人,又称著作权主体,即著作权权利义务的承受者。著作权人包括创作作品的作者和未参加作品创作而承受著作权的公民、法人和其他组织。

国家是特殊的民事主体,在某些情况下,国家可以成为著作

权人。在我国,国家成为著作权人通常有四种情况:第一,公民、法人将著作权中的财产权利赠给国家,国家即为著作权人;第二,对于作者不明的作品,其著作权中的财产权利收归国有;第三,非集体所有制组织的公民死亡时既无继承人又无受遗赠人的,著作权中的财产权利归国家所有;第四,法人终止,没有承受其权利义务的人的,著作权中的财产权利归国家所有。

关联案例

上海伊游信息科技有限公司诉周维海等著作权侵权纠纷案,(2015)沪知民终字第287号

第十条 【著作权内容】 著作权包括下列人身权和财产权:

(一)发表权,即决定作品是否公之于众的权利;

(二)署名权,即表明作者身份,在作品上署名的权利;

(三)修改权,即修改或者授权他人修改作品的权利;

(四)保护作品完整权,即保护作品不受歪曲、篡改的权利;

(五)复制权,即以印刷、复印、拓印、录音、录像、翻录、翻拍、数字化等方式将作品制作一份或者多份的权利;

(六)发行权,即以出售或者赠与方式向公众提供作品的原件或者复制件的权利;

(七)出租权,即有偿许可他人临时使用视听作品、计算机软件的原件或者复制件的权利,计算机软件不是出租的主要标的的除外;

(八)展览权,即公开陈列美术作品、摄影作品的原件或者复制件的权利;

(九)表演权,即公开表演作品,以及用各种手段公开播送作品的表演的权利;

（十）放映权，即通过放映机、幻灯机等技术设备公开再现美术、摄影、视听作品等的权利；

（十一）广播权，即以有线或者无线方式公开传播或者转播作品，以及通过扩音器或者其他传送符号、声音、图像的类似工具向公众传播广播的作品的权利，但不包括本款第十二项规定的权利；

（十二）信息网络传播权，即以有线或者无线方式向公众提供，使公众可以在其选定的时间和地点获得作品的权利；

（十三）摄制权，即以摄制视听作品的方法将作品固定在载体上的权利；

（十四）改编权，即改变作品，创作出具有独创性的新作品的权利；

（十五）翻译权，即将作品从一种语言文字转换成另一种语言文字的权利；

（十六）汇编权，即将作品或者作品的片段通过选择或者编排，汇集成新作品的权利；

（十七）应当由著作权人享有的其他权利。

著作权人可以许可他人行使前款第五项至第十七项规定的权利，并依照约定或者本法有关规定获得报酬。

著作权人可以全部或者部分转让本条第一款第五项至第十七项规定的权利，并依照约定或者本法有关规定获得报酬。

条文注释

所谓著作权内容，是指著作权人对作品拥有什么权利。著作权内容分为两类：一类是精神权利，即《著作权法》所称的人身权，与作者的身份密切相关，专属作者本人，一般情况下不能转让；另一类是经济权利，即《著作权法》所称的财产权，是作者利用其作品获益的权利，可以授权许可他人使用，也可以转让。人身权与财产权既密切相关，又相互独立。财产权转让后，作者仍享有人身权。受转让的著作权人一般只有财产权而无人身权。

本条第1款第1项至第4项规定的发表权、署名权、修改权和保护作品完整权，一般认为均属人身权。本条第1款第5项至第17项规定了著作权人对其作品具体的财产权。

2020年修订，本条沿用了"广播权"的表述，扩大了广播权的控制范围，将其控制范围调整为"以有线或无线方式传播或者转播"，并进一步明确了广播权与信息网络传播权的界限，即广播权的控制范围不包括信息网络传播权的控制范围。调整了"信息网络传播权"的表述，对于2010年《著作权法》"信息网络传播权，即以有线或者无线方式向公众提供作品作品，使公众可以在其个人其个人选定的时间和地点获得作品的权利"的规定，2020年修订，删除了上半句的"作品"一词及下半句的"个人"字样。

关联法规

《著作权法实施条例》第10、13、15、16、18条，《国家版权局关于对著作权经营许可问题的意见》，《最高人民法院关于审理著作权民事纠纷案件适用法律若干问题的解释》第9条

关联案例

华盖创意（北京）图像技术有限公司诉中国外运重庆有限公司侵犯著作权纠纷再审案，(2010)民提字第199号；

李某福诉中国文史出版社侵犯著作权纠纷再审案，(2010)民提字第117号

第二节 著作权归属

第十一条 【著作权归属】著作权属于作者,本法另有规定的除外。

创作作品的自然人是作者。

由法人或者非法人组织主持,代表法人或者非法人组织意志创作,并由法人或者非法人组织承担责任的作品,法人或者非法人组织视为作者。

条文注释

作者是文学、艺术、科学作品的创作者,作者对作品的创作付出了辛勤的劳动,因此,在通常情况下,著作权属于作者,作者与著作权人是同一的。伯尔尼公约以及多数国家的版权法也都承认版权应当首先属于创作作品的作者。但是,也有著作权不属于作者的例外情况,根据《著作权法》的规定,作者以外的自然人、法人或者其他组织也可以享有著作权,主要包括:(1)根据第10条第3款的规定,受让人经转让取得第10条第1款第5项至第17项规定的权利;(2)根据第19条第1款的规定,著作权属于公民的,公民死亡后,其继承人享有第10条第1款第5项至第17项规定的权利;(3)根据第19条第2款的规定,著作权属于法人或者其他组织的,法人或者其他组织变更、终止后,承受其权利义务的法人或者其他组织享有第10条第1款第5项至第17项规定的权利;没有承受其权利义务的法人或者其他组织的,由国家享有著作权;(4)根据第15条的规定,电影作品和以类似摄制电影的方法创作的作品的著作权除编剧、导演、摄影、作词、作曲等作者享有署名权外,由制片者享有;(5)根据第16条第2款的规定,职务作品的所在法人或者其他组织享有除署名权以外的著作权;(6)根据第17条的规定,委托他人创作的作品,委托人通过合同约定取得著作权;(7)根据第18条的规定,美术等作品原件所有权转移后,原件所有权人享有展览权。

法人或非法人组织可以视为作者的要件包括:(1)创作应由法人或者其他组织主持进行,而不是由该法人或者组织的工作人员自发进行;(2)创作思想及表达方式须代表、体现法人或者其他组织的意志,法人或者其他组织的意志一般是通过法人或者其他组织的领导机构(如公司的董事会)和法定代表人(如行政机关的首长)依法或者依章程执行职务而体现出来的;(3)由法人或者其他组织承担责任,而不是由执笔人负责,如某公司研制的程序软件在运行上存在缺陷,该缺陷的责任由该公司承担,而非直接设计者承担。具备以上三个要件的作品,称为法人或者其他组织的作品,该法人或者其他组织视为作者,享有著作权。这里的法人是指具有民事权利能力和民事行为能力,依法独立享有民事权利和承担民事义务的组织,"其他组织"是指法人以外的不具备法人条件的组织。

关联法规

《最高人民法院关于审理著作权民事纠纷案件适用法律若干问题的解释》第7、13~15条

第十二条 【确定作者及作品登记】在作品上署名的自然人、法人或者非法人组织为作者,且该作品上存在相应权利,但有相反证明的除外。

作者等著作权人可以向国家著作权主管部门认定的登记机构办理作品登记。

与著作权有关的权利参照适用前两款规定。

条文注释

关于著作权权属的认定,我国《著作权法》采用"署名推定"规则。2020年修订增加第12条,主要规定了三项内容:第12条

第 1 款规定了"署名推定"规则,即在作品上署名者为作者;同时对于"署名推定"规则增加了限制条件,"且该作品上存在相应权利",对此本书理解为署名应当与相应权利相对应;并强化了排除条件"但有相反证明的除外"。第 12 条第 2 款还增加了"著作权登记"的规定,著作权登记的内容也与著作权归属的认定有关,著作权登记是除了署名外证明著作权归属的主要证明形式。第 12 条第 3 款还规定了与著作权有关的权利参照适用前两款规定。

本条内容实际上契合了有关著作权归属认定的司法实践情况。司法实践中,从举证角度来看,作品上相应权利的署名可以初步证明著作权归属,著作权登记可以作为除了署名之外的证明权利归属的主要证据,如果权利人已经完成初步举证(如署名、著作权登记),被控侵权人无相反证据可以推翻前述著作权归属情况,则可以推定著作权的归属。虽然著作权登记不是强制性的,但 2020 年修法增加了该引导性的条款,未来可促进权利人及时登记以明确权利归属。

关联法规

《最高人民法院关于加强著作权和与著作权有关的权利保护的意见》

第十三条　【演绎作品著作权归属】 改编、翻译、注释、整理已有作品而产生的作品,其著作权由改编、翻译、注释、整理人享有,但行使著作权时不得侵犯原作品的著作权。

条文注释

演绎作品是在已有作品的基础上经过创造性劳动而派生出来的作品,是传播原作品的重要方法。演绎作品虽然是原作品的派生作品,但并不是简单的复制原作品,而是以新的思想表达形式来表现原作品,需要演绎者在正确理解、把握原作品的基础上,通过创造性的劳动产生新作品。演绎作品的著作权由演绎作品的作者享有。

演绎作品以原作品为基础,对原作品具有依赖性,因此,演绎作者对演绎作品享有的著作权,并不是完整的著作权,不能独立地行使。只有当原作品著作权的保护期届满,或者原作品的著作权人放弃其著作权时,演绎作者对演绎作品才享有独立的著作权。演绎作者对侵犯其演绎作品著作权的行为,有权独立提起诉讼,同时,原作品的作者也可以对侵犯演绎作品的行为提起诉讼,因为侵犯演绎作品的行为,也可能同时侵犯了原作品。

根据本条规定,改编、翻译、注释、整理已有作品而产生的作品,都属于演绎作品。其中,改编是指在不改变作品基本内容的情况下将作品由一种类型改变成另一种类型;翻译是将作品从一种语言文字转换成另一种语言文字予以表达;注释是指对原作品进行注解、释义和阐明;整理是对一些散乱的作品或者材料进行删节、组合、编排,经过加工、梳理使其具有可读性,例如,将他人零乱的手稿给予章节上的编排,使其成为可阅读的作品。

由于演绎作品是对原作品的再创作,所以演绎作品的作者在行使其演绎作品的著作权时,不得侵犯原作者的著作权,包括尊重原作者的署名权(演绎作者应当在演绎作品上注明原作品的名称、原作者的姓名),尊重原作品的内容,不得歪曲、篡改原作品等,否则可能导致对原作品的侵权而承担民事责任。如《著作权法》第47条第4项规定,歪曲、篡改他人作品的,应当承担侵权的民事责任。

关联法规

《著作权法》第35条、第37条第2款、第40条第2款、第47条第4项,《伯尔尼公约》第2条第3款

关联案例

于正等与琼瑶侵害著作权纠纷上诉案,(2015)高民(知)终字第1039号;

《推拿》著作权侵权及不正当竞争案(毕飞宇等与北京市新华书店王府井书店侵害著作权及不正当竞争纠纷上诉案),

(2014)二中民终字第05328号

> **第十四条 【合作作品著作权归属】**两人以上合作创作的作品,著作权由合作作者共同享有。没有参加创作的人,不能成为合作作者。
>
> 合作作品的著作权由合作作者通过协商一致行使;不能协商一致,又无正当理由的,任何一方不得阻止他方行使除转让、许可他人专有使用、出质以外的其他权利,但是所得收益应当合理分配给所有合作作者。
>
> 合作作品可以分割使用的,作者对各自创作的部分可以单独享有著作权,但行使著作权时不得侵犯合作作品整体的著作权。

条文注释

合作作品是两人以上共同创作的作品。关于合作作品的含义,根据本条的规定,我国的合作作品既包括不可分割使用的合作作品,也包括可以分割使用的合作作品。可以分割使用的合作作品,是指合作作者对各自创作的部分可以单独使用,可以单独享有著作权(包括人身权和财产权)的作品。不可分割使用的合作作品,指合作作者虽有各自的创作,但在作品中已融为一体,区分不出作品的哪个部分是哪个合作作者写的。合作作品的著作权,由合作作者共同享有,其权利的分配和行使,可以由合作作者协议确定。如果没有协议,或者协议没有约定的权利,则由合作作者共同行使。

2020年修订,增加规定"合作作品的著作权由合作作者通过协商一致行使;不能协商一致,又无正当理由的,任何一方不得阻止他方行使除转让、许可他人专有使用、出质以外的其他权利,但是所得收益应当合理分配给所有合作作者"。此处修改是吸纳并完善了现行《著作权法实施条例》第9条关于合作作品的权利行使的规定。

科学技术的快速发展催生了众多的创作工具、创作形式及创作主体,也产生了大量的合作作品,司法实践中关于合作作品的行使发生了很多纠纷,产业界及学术界亟待厘清合作作品的权利限制边界,以便更好地推进合作作品的推广使用。2020年修订增加及完善了关于合作作品的权利行使的规定,主要回应司法实践的情况,对比《著作权法实施条例》的规定,将合作作品的行使不区分是否可以分割使用,均由合作作者通过协商一致行使,不能协商一致的合作作品的权利行使的限制扩大到除"转让"之外的"许可他人专有使用"及"出质"。

2020年修订解决了部分司法实践中亟待厘清的问题,但是,有关合作作品权利行使的边界在司法实践中仍需要进一步厘清。比如,"不能协商一致"如何认定,"通知"是否属于"不能协商一致","正当理由"如何认定等,仍待实施条例或者司法解释的进一步明确。

关联法规

《著作权法实施条例》第9、14条

关联案例

杭州大头儿子文化发展有限公司与央视动画有限公司著作权侵权纠纷案,(2015)浙杭知终字第356号;

郑某罕与杭州市普通教育研究室著作权权属纠纷上诉案,(2012)浙知终字第105号;

袁某诉丁某等著作权权属纠纷再审案,(2012)济民三初字第107号

第十五条 【汇编作品著作权归属】 汇编若干作品、作品的片段或者不构成作品的数据或者其他材料,对其内容的选择或者编排体现独创性的作品,为汇编作品,其著作权由汇编人享有,但行使著作权时,不得侵犯原作品的著作权。

条文注释

汇编作品是将两个以上的作品、作品的片断或者不构成作品的数据或者其他材料进行选择、汇集、编排而产生的新作品,包括百科全书、词典、选集、全集、期刊、报纸等。汇编人在内容的选择、安排上付出了创造性劳动,因此,汇编人享有汇编作品的著作权。但是,如果汇编人在内容的选择与安排上没有体现独创性,只是简单地将作品或者材料拼凑在一起,那么不认为产生了新作品,也不构成汇编作品。

数据库作品是根据既定标准挑选的经过系统整理并被存储在可供用户存取的计算机系统内的一整套信息资料。考虑到虽然信息资料本身可能是没有著作权的作品或者其他材料,但是数据库的汇编体现了汇编人的创造性劳动,同时数据库的建立需要大量的投资,因此,数据库作品应当纳入汇编作品受《著作权法》保护。

汇编作品中可以单独使用的部分,其作者对该部分作品享有著作权。单独使用自己作品的作者不得侵犯汇编者的著作权。

汇编作品区别于合作作品的特征是:(1)汇编作品的各作者之间不必具备创作合意,而合作作品要求各作者有共同创作的愿望;(2)汇编作品中各作者的成果是可以区分的,而合作作品中作者的成果有时是可分的,有时是不可分的;(3)汇编作品以汇编人的名义发表,而合作作品以合作者的共同名义发表。

关联法规

《国家版权局办公厅关于习题集类教辅图书是否侵犯教材著作权问题的意见》

关联案例

吉林大学出版社有限责任公司等诉长春出版传媒集团有限责任公司著作权权属、侵权纠纷案,(2015)吉民三知终字第68号;

郑某罕与杭州市普通教育研究室著作权权属纠纷上诉案,

(2012)浙知终字第105号；

张某与兰州市城关区人民政府、中共兰州市城关区委党史资料征集研究委员会办公室、马某侵害著作权纠纷上诉案，(2012)甘民三终字第87号

> **第十六条 【使用者与著作权人之间权利义务】**使用改编、翻译、注释、整理、汇编已有作品而产生的作品进行出版、演出和制作录音录像制品，应当取得该作品的著作权人和原作品的著作权人许可，并支付报酬。

条文注释

本条是关于使用改编、翻译、注释、整理、汇编已有作品而产生的作品进行出版、演出和制作录音录像制品的时候，使用者与著作权人之间权利义务的规定。

2020年《著作权法》修订新增第16条，同时对于2010年《著作权法》第35条、第37条第2款、第40条第2款分别进行了删除或调整。对于改编、翻译、注释、整理、汇编已有作品而产生的作品，有人称之为"演绎作品"，而对其进行有关邻接权权项的使用，包括出版、演出、制作录音像制品，应当取得双重许可，即应当取得该演绎作品的著作权人及原作品的著作权人的许可，并支付报酬。2010年《著作权法》第37条第2款及第40条第2款未包含"汇编"，2020年修订统一在第16条进行了增加。

> **第十七条 【视听作品的著作权归属】**视听作品中的电影作品、电视剧作品的著作权由制作者享有，但编剧、导演、摄影、作词、作曲等作者享有署名权，并有权按照与制作者签订的合同获得报酬。
>
> 前款规定以外的视听作品的著作权归属由当事人约定；

没有约定或者约定不明确的,由制作者享有,但作者享有署名权和获得报酬的权利。

视听作品中的剧本、音乐等可以单独使用的作品的作者有权单独行使其著作权。

条文注释

《著作权法》将视听作品的著作权归属分为两种情形:视听作品中的电影作品、电视剧作品的著作权由制作者享有,但编剧、导演、摄影、作词、作曲等作者享有署名权,并有权按照与制作者签订的合同获得报酬;而对于电影作品、电视剧作品以外的其他视听作品的著作权归属由当事人约定,没有约定或约定不明确的,由制作者享有,但作者享有署名权和获得报酬的权利。

随着信息技术的快速发展,与传统的电影、电视剧相比,其他视听作品的制作及传播随着技术发展在发生着重大变化,传统电影作品的制作过程非常复杂,但是,新的其他视听作品的制作和发行已经发生重大变化,具有简单化和即时性。新的其他视听作品的参与主体也与电影作品、电视剧作品的参与主体有很大不同,电影作品、电视剧作品的参与者有很多人,通过其片头片尾字幕可窥一斑,但是,新的其他视听作品的参与者可能很简单,比如短视频的制作者、发布者可能都是一个人。在这样的背景下,2020年修订对于视听作品的著作权归属就针对电影作品、电视剧作品与之外的其他视听作品进行了不同规定。

对于电影作品及电视剧作品的著作权归属,2020年《著作权法》修订规定,电影作品及电视剧作品的著作权由"制作者"享有,对比2010年《著作权法》,2020年《著作权法》将"制片者"修改为"制作者"。与原"制片者"的概念一样,"制作者"的概念也可能引发争议,比如没有参与制作的投资人是否可以成为著作权法意义上的"制作者"?电影、电视剧片头片尾署名的"制片人"、"出品人"、"出品方"、"投资人"以及电影公映许可证的"摄制单位"、电视剧发行许可证的"制作机构"与本条规定的著作权法意义上的"制作者"有何关系?如何认定"制作者"?

对于电影作品、电视剧作品以外的其他视听作品的著作权归属,2020年《著作权法》修订规定,著作权遵循当事人约定优先的原则,尊重当事人的意思自治,如果没有约定或者约定不明确,由制作者享有,但作者享有署名权和获得报酬的权利。

> **第十八条 【职务作品著作权归属】**自然人为完成法人或者非法人组织工作任务所创作的作品是职务作品,除本条第二款的规定以外,著作权由作者享有,但法人或者非法人组织有权在其业务范围内优先使用。作品完成两年内,未经单位同意,作者不得许可第三人以与单位使用的相同方式使用该作品。
>
> 有下列情形之一的职务作品,作者享有署名权,著作权的其他权利由法人或者非法人组织享有,法人或者非法人组织可以给予作者奖励:
>
> (一)主要是利用法人或者非法人组织的物质技术条件创作,并由法人或者非法人组织承担责任的工程设计图、产品设计图、地图、示意图、计算机软件等职务作品;
>
> (二)报社、期刊社、通讯社、广播电台、电视台的工作人员创作的职务作品;
>
> (三)法律、行政法规规定或者合同约定著作权由法人或者非法人组织享有的职务作品。

条文注释

《著作权法》规定的职务作品分为两种,"一般职务作品"和"特殊职务作品",分别在本条第1款和第2款中规定。2020年《著作权法》修订,增加了一种"特殊职务作品"的情况,即"报社、期刊社、通讯社、广播电台、电视台的工作人员创作的职务作品"。

1. 一般职务作品

根据"著作权属于作者"的基本原则,本条第1款规定了"一般职务作品"的著作权归属,即职务作品的著作权除第2款的规定以外,归作者享有,但作者所在的法人或者其他组织在其业务范围内有权优先使用该职务作品。作品完成两年内,未经单位同意,作者不得许可第三人以与单位使用的相同方式使用该作品。

2. 特殊职务作品

本条第2款规定了"特殊的职务作品"情形,2010年《著作权法》规定了两种情形,本次修订增加了"报社、期刊社、通讯社、广播电台、电视台的工作人员创作的职务作品"作为第三类"特殊职务作品"情形,作者享有署名权,其他著作权权利由法人或者其他组织享有,法人或者其他组织可以给予作者奖励。这主要是考虑到报社及电视台等媒体单位工作人员的创作活动是其本职工作或者工作任务,且创作出的作品的有关责任也需要单位承担。

职务作品的构成要件主要包括:(1)作品的作者是法人或者其他组织的工作人员,即作者与该单位具有劳动关系,作者有权从单位定期领取劳动报酬,享受该单位为工作人员提供的工作条件,同时须接受单位在劳动合同范围内安排的任务,并接受单位在工作上的必要的监督和指导。(2)创作作品是法人或者其他组织依单位的性质而提出的工作任务。(3)创作作品应当属于作者的职责范围,单位在作者的职责范围之外并在单位的正常业务之内委派作者完成某些作品,除非双方有新的约定,不属于法定的职务作品。认定职务作品方法是作品基本上是依作者自己的意志创作,而不是依单位意志创作。如果是按照单位的意志创作的作品,不是职务作品,而是单位作品,即应视单位为作者的作品。

第十九条 【委托作品著作权归属】受委托创作的作品,著作权的归属由委托人和受托人通过合同约定。合同未作明确约定或者没有订立合同的,著作权属于受托人。

条文注释

委托创作的作品是指受托人根据与委托人签订的委托合同创作的作品。委托作品一般具有以下几个特点:(1)受托人需要将委托人的要求通过自己的创作表现出来,但是,委托人的思想、观点只能为受托人的创作限定范围,并不能取代受托人的创造性智力劳动,而且委托人也没有参与具体的创作过程;(2)委托作品的内容由委托人对外承担责任,而不是由受托人承担;(3)委托创作一般是有偿的,即委托作品创作完成后,委托人应当向受托人支付创作的报酬,支付的数额、方式和期限等由委托合同约定。

受委托创作的作品,其著作权的归属首先由委托人和受托人通过合同约定。由委托人和受托人通过合同约定,意思是在委托创作合同中,委托人和受托人可以约定著作权或者归属于委托人,或者归属于受托人,或者由委托人、受托人共同享有,或者各自享有一部分权利。在此,委托人并不是作者,其之所以可能取得著作权,完全是双方约定的结果。在合同未明确约定著作权归属或者没有订立合同的情况下,著作权属于受托人。这是因为,一般来说,承担创作工作的是受托人,受托人是创作委托作品的作者,根据《著作权法》第11条"著作权属于作者"的规定,在没有合同或者合同未明确约定的情况下,受托人享有著作权。

关联法规

《最高人民法院关于审理著作权民事纠纷案件适用法律若干问题的解释》第22条

> 关联案例
>
> 上海艺想文化用品有限公司等与上海帕弗洛文化用品有限公司侵害作品信息网络传播权、作品修改权纠纷上诉案,(2015)沪知民终字第 14 号

> **第二十条 【作品原件的转移】**作品原件所有权的转移,不改变作品著作权的归属,但美术、摄影作品原件的展览权由原件所有人享有。
>
> 作者将未发表的美术、摄影作品的原件所有权转让给他人,受让人展览该原件不构成对作者发表权的侵犯。

> 条文注释

本条第 1 款是对作品原件所有权和作品著作权之间关系的规定;第 2 款是对美术、摄影作品原件展览权归属的规定。本条是在 2010 年《著作权法》第 18 条基础上的修改和完善。2020 年修订将原来"美术等作品原件所有权的转移,不视为作品著作权的转移"的规定扩展到所有"作品原件所有权的转移,不改变作品著作权的归属",同时规定"美术、摄影作品原件的展览权由原件所有人享有"。

作品的所有权与作品的著作权不是一回事。作品原件所有权的转移,不视为作品著作权的转移。取得作品原件的所有权,不等于取得了该作品的著作权。作品原件所有权的转移不视为作品著作权的转移,这是一个原则,对此本条也有例外规定,即美术作品的原件所有人享有对美术作品原件的展览权。这是适合实际需要的规定。作品原件在所有人手里,再强调著作权人有展览权,在实际上很难行得通。而且,所有人享有对原件的展览权,一般不会损害作者的权益,且有益于民众欣赏美术作品。当然,所有人享有作品原件的展览权仅限于美术作品,一般来说,展览权也只是对美术作品才有重要意义。值得注意的是,本条第 2 款是法律为了平衡作者与所有者之间利益作出的特殊规

定,这里仅规定了未发表的美术、摄影作品的原件,对复制件的展览不可以适用本款规定。

> **第二十一条 【著作权的继承与承受】**著作权属于自然人的,自然人死亡后,其本法第十条第一款第五项至第十七项规定的权利在本法规定的保护期内,依法转移。
> 　　著作权属于法人或者非法人组织的,法人或者非法人组织变更、终止后,其本法第十条第一款第五项至第十七项规定的权利在本法规定的保护期内,由承受其权利义务的法人或者非法人组织享有;没有承受其权利义务的法人或者非法人组织的,由国家享有。

条文注释

本条是关于自然人死亡,法人或者非法人组织变更、终止后,其著作权归属的规定。

本条所说的著作权的转移,是指著作财产权即作品使用权和获得报酬权的转移。著作人身权不得继承,不可让与。作者死亡后,他人不得删除、改变作者对其作品的署名。作品的修改权,未经作者授权,他人不得行使。

《民法典》继承编对自然人死亡后的遗产继承规则作了详细规定。本条第 1 款规定的"依法"便是指依照《民法典》继承编等法律的有关规定。

根据《民法典》继承编的规定,自然人死亡后遗产的处理方式有以下四种:法定继承(又称"无遗嘱继承")、遗嘱继承、遗赠扶养协议继承、由国家或者集体所有制组织所有。根据上述方法处理著作权人死亡后著作权的归属问题,值得注意的是,上述各种方法之间是有顺序的。《民法典》继承编第 1123 条规定:"继承开始后,按照法定继承办理;有遗嘱的,按照遗嘱继承或者遗赠办理;有遗赠扶养协议的,按照协议办理。"根据此规定,处理遗产的方式依次为遗赠扶养协议、遗嘱继承或者遗赠。

无论是自然人死亡后,还是法人终止、非法人解散后,继续享有的著作权财产权也是有期限的,超过了权利保护期的,则不能再继续享有。

关联法规

《民法典》继承编,第 68 条第 1 款、第 106 条

关联案例

钱钟书书信著作权及隐私权侵权案[杨季康(笔名杨绛)诉中贸圣佳国际拍卖有限公司等侵害著作权及隐私权纠纷案],(2014)高民终字第 1152 号

第三节 权利的保护期

第二十二条 【署名权、修改权、保护作品完整权的保护期】作者的署名权、修改权、保护作品完整权的保护期不受限制。

条文注释

著作权的保护期是指著作权人对作品享有专有权的有效期间,即法律对著作权人的著作权予以保护的期限。

作者的署名权、修改权和保护作品完整权属于著作权中的人身权。由于著作权中的这几项作者的人身权利原则上只能由作者本人享有(即使当作为作者的公民死亡后,其人身权仍旧可以通过其作品的存在而得以体现),并且可以独立于财产权而单独存在,同时由于这几项权利与作者本人的品德、才智、声誉、荣誉直接相关,并且涉及作品的归属,以及作品是否真实地反映了作者的创作原意等方面,因此,对作者的这几项权利的保护,不仅是作者生前的问题,也是一个永久性问题。

根据本条的规定，当作者的财产权等权利的保护期结束后，人们虽然可以自由地以复制、发行、出租、展览、表演、放映、广播、摄制以及改编、翻译、汇编等方式使用其作品，但无权更改作者的署名和作品的内容，否则也要因侵犯著作权而被追究法律责任，这样能够有效保障作品原样传播而不被侵害。

关联法规

《民法典》第2条

关联案例

周某康、章某元等与浙江省戏剧家协会等侵害著作权纠纷案，(2011)浙杭知初字第967号

第二十三条 【发表权、财产权的保护期】自然人的作品，其发表权、本法第十条第一款第五项至第十七项规定的权利的保护期为作者终生及其死亡后五十年，截止于作者死亡后第五十年的12月31日；如果是合作作品，截止于最后死亡的作者死亡后第五十年的12月31日。

法人或者非法人组织的作品、著作权（署名权除外）由法人或者非法人组织享有的职务作品，其发表权的保护期为五十年，截止于作品创作完成后第五十年的12月31日；本法第十条第一款第五项至第十七项规定的权利的保护期为五十年，截止于作品首次发表后第五十年的12月31日，但作品自创作完成后五十年内未发表的，本法不再保护。

视听作品，其发表权的保护期为五十年，截止于作品创作完成后第五十年的12月31日；本法第十条第一款第五项至第十七项规定的权利的保护期为五十年，截止于作品首次发表后第五十年的12月31日，但作品自创作完成后五十年内未发表的，本法不再保护。

第二章 著作权   37

> **条文注释**
>
> 2020年修订在第23条第3款删掉了"摄影作品",即延长了摄影作品的保护期,原来摄影作品保护期是比照电影作品保护期来规定的,其保护期为50年,2020年《著作权法》修改为如果著作权归属自然人的摄影作品,与其他作品一样,其著作权保护期是作者终身及死后50年。同时,《著作权法》第65条补充规定了在本次《著作权法》修订生效前,依照以前的《著作权法》规定的相关权利的保护期已经届满的摄影作品,不再保护。

第四节　权利的限制

第二十四条　【合理使用著作权】在下列情况下使用作品,可以不经著作权人许可,不向其支付报酬,但应当指明作者姓名或者名称、作品名称,并且不得影响该作品的正常使用,也不得不合理地损害著作权人的合法权益:

（一）为个人学习、研究或者欣赏,使用他人已经发表的作品;

（二）为介绍、评论某一作品或者说明某一问题,在作品中适当引用他人已经发表的作品;

（三）为报道新闻,在报纸、期刊、广播电台、电视台等媒体中不可避免地再现或者引用已经发表的作品;

（四）报纸、期刊、广播电台、电视台等媒体刊登或者播放其他报纸、期刊、广播电台、电视台等媒体已经发表的关于政治、经济、宗教问题的时事性文章,但著作权人声明不许刊登、播放的除外;

（五）报纸、期刊、广播电台、电视台等媒体刊登或者播放在公众集会上发表的讲话,但作者声明不许刊登、播放的除外;

(六)为学校课堂教学或者科学研究,翻译、改编、汇编、播放或者少量复制已经发表的作品,供教学或者科研人员使用,但不得出版发行;

(七)国家机关为执行公务在合理范围内使用已经发表的作品;

(八)图书馆、档案馆、纪念馆、博物馆、美术馆、文化馆等为陈列或者保存版本的需要,复制本馆收藏的作品;

(九)免费表演已经发表的作品,该表演未向公众收取费用,也未向表演者支付报酬,且不以营利为目的;

(十)对设置或者陈列在公共场所的艺术作品进行临摹、绘画、摄影、录像;

(十一)将中国公民、法人或者非法人组织已经发表的以国家通用语言文字创作的作品翻译成少数民族语言文字作品在国内出版发行;

(十二)以阅读障碍者能够感知的无障碍方式向其提供已经发表的作品;

(十三)法律、行政法规规定的其他情形。

前款规定适用于对与著作权有关的权利的限制。

条文注释

本条规定的权利限制,指的是在一定情况下使用作品,可以不经著作权人同意,不向其支付报酬,即合理使用。《著作权法》不仅规定了著作权人的权利受到以上十三个方面的限制,同时规定出版者、表演者、录音录像制作者、广播电台、电视台的权利也适用上述有关限制。

2020年《著作权法》修订,对于"可以不经著作权人许可,不向其支付报酬"的著作权合理使用情形,主要进行了以下修订:(1)吸收了《著作权法实施条例》的规定,增加了"合理使用"的原则性限制,即"不得影响该作品的正常使用,也不得不合理地损害著作权人的合法权益"。(2)为学校课堂教学或者科学研究的合理使用方式,在"翻译或者少量复制"的基础上,增加了"改编、汇编、播放"的方式。(3)为陈列或者保存版本的需要的合理使用主体,由"图书馆、档案馆、纪念馆、博物馆、美术馆等",增加了"文化馆"。(4)对于"免费表演已经发表的作品"的合理使用情形,增加了"且不以营利为目的"的要求。(5)对设置或者陈列在室外公共场所的艺术作品进行临摹、绘画、摄影、录像,"室外公共场所"扩大为"公共场所"。(6)修改了"盲文"的合理使用的情形,修改为"以阅读障碍者能够感知的无障碍方式向其提供已经发表的作品"。(7)增加了合理使用的兜底条款,"法律、行政法规规定的其他情形"。

关于"合理使用"制度,在立法设计上,2020年修改将原来的完全封闭式列举模式,修改为半开放式的立法模式,即增加了一条兜底条款"(十三)法律、行政法规规定的其他情形",这样的设置安排带来一定的灵活性。

2020年《著作权法》关于"合理使用"制度的另一个重要修订,是吸收了《著作权法实施条例》中有关"合理使用"的限制条款,即"不得影响该作品的正常使用,也不得不合理地损害著作权人的合法权益"。这普遍被认为是援引了国际公约有关"三步检验法"约束权利限制的内容。"三步检验"主要体现在TRIPS第30条中,主要内容是不得与其正常使用相冲突,不得不合理地损害权利人的合法权益,考虑第三人利益。"三步检验"是TRIPS中约束权利限制的核心条款,在其他的版权条款中,也是频频被采纳。

关联法规

《著作权法实施条例》第19~21条,《最高人民法院关于审理著作权民事纠纷案件适用法律若干问题的解释》第18条,《伯尔尼公约》第10条之二第1、2项

关联案例

天脉聚源（北京）传媒科技有限公司与华视网聚（常州）文化传媒有限公司侵害作品信息网络传播权纠纷案，(2016)京73民终字第289号

> **第二十五条 【法定许可】**为实施义务教育和国家教育规划而编写出版教科书，可以不经著作权人许可，在教科书中汇编已经发表的作品片段或者短小的文字作品、音乐作品或者单幅的美术作品、摄影作品、图形作品，但应当按照规定向著作权人支付报酬，指明作者姓名或者名称、作品名称，并且不得侵犯著作权人依照本法享有的其他权利。
>
> 前款规定适用于对与著作权有关的权利的限制。

条文注释

本条是关于特定教科书的法定许可的规定。2020年修订，对于教材的法定许可，删除了"除作者事先声明不许使用的外"，并删除了"九年制"字样，扩大了教材的法定许可内容，同时，将对教材法定许可的作品范围扩大至"图形作品"。2020年修订强化了教材的法定许可，尤其是删除了"除作者事先声明不许使用的外"，即为实施义务教育和国家教育规划而编写出版教科书使用本条规定的已经发表的部分作品（指作品片段或者短小的文字作品、音乐作品或者单幅的美术作品、摄影作品、图形作品）时，可以不经著作权人或与著作权有关的权利人的许可，但应当向著作权人或与著作权有关的权利人支付报酬，并应注明作者姓名或名称、作品名称，且不得侵犯著作权人依照本法享有的其他权利。

法定许可，是指依照法律的规定，可不经作者或其他著作权人的同意而使用其已经发表的作品。法定许可是对著作权的一种限制。根据法定许可使用他人作品时，应当向作者或其他著作权人支付报酬，并应注明作者姓名、作品名称和出处。

适用本条应注意：第一，本条中所提到的教科书是指课堂教学所用的正式教材，而不应当包含教学参考书、辅导丛书、辅导材料等。第二，不经许可使用他人已经发表的作品的目的必须是为了实施九年制义务教育和国家教育规划而编写出版教科书。第三，使用他人已经发表的作品用于教科书，须符合法律规定的量的要求。第四，应当按照规定向著作权人支付报酬，并指明作者姓名或名称、作品名称。第五，使用他人已发表的作品编写出版教科书时，不得侵犯著作权人依照《著作权法》享有的其他权利。第六，为照顾到有些作者可能对自己原先发表的某些作品不满意或出于其他原因，不想让他人再出版使用的情况，本条明确规定作者事先声明不许使用的不得使用。第七，本条法定许可的规定，同样适用于对出版者、表演者、录音录像制作者、广播电台、电视台的权利限制。

关联法规

《著作权法实施条例》第 22 条，《著作权集体管理条例》第 25 条

关联案例

叶某友与无锡肯德基有限公司、北京电通广告有限公司上海分公司侵害著作权纠纷上诉案，(2011) 苏知民终字第 0018 号

第三章　著作权许可使用和转让合同

> **第二十六条　【许可使用合同】**使用他人作品应当同著作权人订立许可使用合同，本法规定可以不经许可的除外。
> 许可使用合同包括下列主要内容：
> （一）许可使用的权利种类；
> （二）许可使用的权利是专有使用权或者非专有使用权；

(三)许可使用的地域范围、期间;
(四)付酬标准和办法;
(五)违约责任;
(六)双方认为需要约定的其他内容。

条文注释

本条是关于使用他人作品应当遵循的原则和许可使用合同应当包括的主要内容的规定。

使用他人作品应当遵循的原则是:除《著作权法》有例外规定,应当同著作权人订立许可使用合同。这里所讲的订立许可使用合同,是指取得著作权人的许可。这里的许可既包括同著作权人签订书面合同,取得著作权人的许可,也包括取得著作权人许可使用作品的口头承诺。

本条规定"本法规定可以不经许可的除外",这里规定的不经许可,主要指的是本法"合理使用"和"法定许可"所规定的内容。

关联法规

《著作权法实施条例》第21、23、24条

关联案例

深圳市盟世奇商贸有限公司与天津市宁河县泽安商贸有限公司侵犯著作权纠纷上诉案,(2015)津高民三终字第0018号;

德化瓷花著作权纠纷案(郑某婷、福建省德化县宝源陶瓷研究所与李某武、洛阳牡丹瓷股份有限公司、陈某玉等侵害著作权纠纷案),(2014)闽民终字第406号;

山西金玉泵业有限公司与山西临龙泵业有限公司侵害著作权纠纷上诉案,(2011)晋民终字第70号

第二十七条 【著作权转让合同】转让本法第十条第一款第五项至第十七项规定的权利,应当订立书面合同。

权利转让合同包括下列主要内容:
(一)作品的名称;
(二)转让的权利种类、地域范围;
(三)转让价金;
(四)交付转让价金的日期和方式;
(五)违约责任;
(六)双方认为需要约定的其他内容。

条文注释

本条是关于转让某些著作权权利应当遵循的原则和权利转让合同应当包括的主要内容的规定。

所谓著作权转让,是指著作权人在法律规定的范围内,按照自己的意愿将其所拥有的著作权的全部或者一部分权利转移给他人所有的法律行为。著作权转让分为全部转让和部分转让两种。著作权的全部转让是指著作权人在著作权保护期内,将其拥有的著作权中的法定许可转让的权利有偿地全部转移给他人所有。著作权的部分转让是指著作权人在著作权保护期内,仅将其拥有的著作权中的法定许可转让的权利的一种或几种权利转让给他人所有。

著作权人转让这些权利,应当遵循的基本原则是:除《著作权法》有例外规定,应当订立书面合同。这里所讲的订立著作权转让书面合同,包含两层含义:第一,他人获得某一作品的某些著作权必须取得著作权人的许可和明确授权;第二,要将著作权人转让给他人的著作权用文字确定下来,即要签订权利转让书面合同。

权利转让合同应当包括下列主要内容:

1. 作品的名称

作品是指文学、艺术和科学领域内,具有独创性并能以某种有形形式复制的智力创作成果。作品的名称是指上述智力创作成果的称谓。著作权人转让的著作权一般是依托于某一具体作品的。例如,作家金庸要转让其作品的翻译权,并不意味着他要将所有作品的翻译权全部转让,转让翻译权一般只是转让某一部作品的翻译权。因此,作品的名称是著作权权利转让合同应当具备的基本内容。

2. 转让的权利种类、地域范围

《著作权法》第10条第3款规定,著作权人可以转让的著作权权利有许多种,如复制权、发行权、出租权、展览权、表演权、放映权、广播权、信息网络传播权、摄制权、翻译权、汇编权等,某一著作权人具体要转让哪一个或哪几个权利,需要在合同中明确约定。

转让权利的地域范围,一般是指著作权人转让某一作品的某一种权利的适用地区等。比如,电影作品的著作权人只允许某某电视台享有在某某地区播放该电影的权利,在其他地区不得播放。又如,某图书的著作权人只允许图书出版社在国内发行,不允许向国外发行等,这些都属于权利转让的地域范围问题,应当在转让合同中作出明确的约定,以便受让人行使其所获得的权利。

3. 转让价金

转让价金,是权利转让合同的转让人转让著作权的某些权利应当获得的转让费用,受让人获得、使用著作权人转让的著作权所应当支付的代价。价金是著作权作为知识形态的商品价值的货币表现形式,也是著作权作为商品或者作为一种无形财产进行等价交换的结果。由于作者在创作作品时所耗费的劳动、使用的资金、运用的知识、信息、经验、技能和创作的方法等存在不同,以及作品在使用过程中产生的经济效益和社会效益的不同,著作权权利的转让价金是不确定的,因此,当事人应当根据著作权权利转让的具体情形在合同中明确约定转让的价金。

4. 交付转让价金的日期和方式

交付转让价金的日期,是指合同中规定的著作权的权利受让人履行向权利转让人支付转让价金的时间。交付转让价金的日期直接关系到著作权的权利能否顺利的转让,也是确定合同是否按时履行或者迟延履行的客观依据。因此,当事人应当在合同中明确约定交付价金的日期。

交付价金的方式,是指受让人支付转让价金的具体做法。例如,是一次性支付还是在一定时期内的某一个时间分期分批支付;是预付还是权利转让之后再付;是付现金还是支票、汇票支付以及以何种货币支付,等等。对此,当事人应当在合同中约定清楚。

5. 违约责任

违约责任,是指合同一方或者双方没有履行合同约定的义务或者不适当履行合同约定的义务,依照法律的规定或者按照当事人的约定应当承担的法律责任。例如,权利转让合同的受让人没有按照合同约定的日期向权利人交付转让价金,应当向著作权人赔礼道歉、承担继续向著作权人支付转让价金以及赔偿损失等相应的违约责任。违约责任是促使当事人履行合同义务,使对方免受或少受损失的法律措施,也是保证合同履行的主要条款。因此,为了保证合同义务严格按照约定履行,为了更加及时的解决合同纠纷,当事人应当在合同中明确违约责任。违约责任的具体内容,如是否规定违约金、违约后的赔偿金额以及赔偿金额的计算方法等,由当事人经协商后在合同中确立。

6. 双方认为需要约定的其他内容

双方认为需要约定的其他内容,是指除以上条款外,双方认为有必要约定的内容。第 1～5 项著作权转让合同的内容是普遍适用于所有的著作权转让合同的,但是为了适应各种不同的著作权转让合同的特点或需要,《著作权法》还规定,当事人还可以在合同中约定其他需要约定内容,如解决纠纷的办法。例如,转让著作权的权利人与受让人双方一致认为,对权利转让合同履行过程中发生的纠纷由仲裁机构仲裁裁决,那么,就可以在合同中约定仲裁条款。这样规定较为灵活,有利于当事人订立好著作权转让合同,也便于合同的履行。

关联法规

《著作权法实施条例》第 25 条,《伯尔尼公约》第 6 条之二第 1 项

关联案例

上海玄霆娱乐信息科技有限公司诉王钟、北京幻想纵横网络技术有限公司著作权合同纠纷案,(2011)沪一中民五(知)终字第 136 号

第二十八条　【著作权质押】以著作权中的财产权出质的,由出质人和质权人依法办理出质登记。

条文注释

根据《著作权法》和《民法典》物权编的规定,著作权中的财产权可以作为质押标的包括以下权利:复制权、发行权、出租权、展览权、表演权、放映权、广播权、信息网络传播权、摄制权、改编权、翻译权、汇编权和应当由著作权人享有的其他权利。

根据《民法典》第 427 条的规定,设立质权,当事人应当采用书面形式订立质押合同。著作权出质应当依法办理出质登记,民法典物权编对著作权出质登记的效力作出了规定。根据《民法典》第 444 条第 1 款之规定,以著作权中的财产权出质的,订立质押合同后,质权并不当然成立,必须办理出质登记时才能设立。另外,需要注意的是,法律对出质人处置已出质的著作权有所限制。《民法典》第 444 条第 2 款规定,知识产权中的财产权出质后,出质人不得转让或者许可他人使用,但是出质人与质权

人协商同意的除外。出质人转让或者许可他人使用出质的知识产权中的财产权所得的价款,应当向质权人提前清偿债务或者提存。

关联法规

《民法典》第223、427、444条

第二十九条 【未许可、转让的权利】许可使用合同和转让合同中著作权人未明确许可、转让的权利,未经著作权人同意,另一方当事人不得行使。

条文注释

本条是关于著作权在合同中未明确许可、转让的情况下,应当归属于谁的规定。

著作权许可使用合同是著作权人授权使用作品的人使用作品的主要方式。著作权人授予何种使用权,使用作品的人才取得何种使用权利。因此,使用他人作品的人只能行使合同中著作权人明确授予的权利,合同中著作权人未明确授予的权利,使用他人作品的人不得行使,如果行使了合同中著作权人未明确授予的权利,就是侵犯了著作权人的使用权,就要承担法律责任。如果使用他人作品的人需要行使合同中著作权人未明确授予的权利,必须经著作权人许可方能行使。

根据《著作权法》的规定,订立著作权权利转让合同是著作权人转让著作权权利,他人获得著作权人著作权的唯一方式,也是著作权权利转让应当遵循的原则。著作权人转让何种权利,受让人就取得何种权利。对于著作权转让合同中未明确转让的权利,受让人不得行使,如果行使了权利转让合同中未明确转让的权利,就侵犯了著作权人的著作权,就要承担法律责任。如上所述,如果剧本的著作权人在权利转让合同中未明确将该剧本的广播权转让给受让方,受让方就不得以广播的形式将该剧本播放,否则就侵犯了剧本著作权人的广播权。如果要获得著作权人在权利转让合同中未明确转让的权利,必须再与著作权人协商,明确订立权利转让合同,才能获得该项权利。

> **第三十条** 【使用作品付酬标准】使用作品的付酬标准可以由当事人约定,也可以按照国家著作权主管部门会同有关部门制定的付酬标准支付报酬。当事人约定不明确的,按照国家著作权主管部门会同有关部门制定的付酬标准支付报酬。

条文注释

《著作权法》规定,除该法另有规定(如合理使用)外,使用他人的作品应当支付报酬。依照本条的规定,付酬标准由当事人选择,要么由合同当事人在合同中自行约定,要么按照国家著作权行政管理部门会同有关部门制定的付酬标准支付报酬。

当事人在合同中约定使用作品的付酬标准有两种情况:一是由于国家著作权行政管理部门会同有关部门制定的付酬标准,往往有一个幅度,那么,当事人就在国家有关部门制定付酬标准的幅度内约定具体的付酬标准。如1990年发布的《书籍稿酬暂行规定》第3条规定,著作稿:每千字10元至30元。确有重要学术价值的科学著作,包括自然科学、社会科学及文艺理论的专著,必须从优付酬者,可以适当提高标准,但每千字不超过40元。那么,当事人就根据这一规定,确定使用他人作品的付酬标准是每千字35元。目前,著作权行政管理部门会同有关部门已经制定一系列使用他人作品的付酬标准的新规定,相比过去再次提高了付酬标准。例如,2014年颁布施行的《使用文字作品支付报酬办法》,将原创作品基本稿酬标准提高到每千字80元至300元,翻译作品提高到每千字50元至200元。当事人在约定使用作品的付酬标准时,可以参照这些规定。二是当事人还可以根据作品的质量、反映效果、使用的次数、作品公之于众的时间长短、作品在使用过程中产生的经济效益和社会效益等因素自行约定付酬标准,这一付酬标准既可以高于国家著作权行政管理部门会同有关部门制定的付酬标准,也可以低于这个标准。

当事人如果没有签订合同或者虽然签有合同,但在合同中未明确付酬标准,一般来说,应当以国家新闻出版署(国家版权局)会同有关部门制定的付酬标准为据。此外,属于《著作权法》规定的在法定许可的范围内使用他人作品应当按照规定支付报酬的,应当以国家新闻出版署(国家版权局)会同有关部门制定的付酬标准支付报酬。

关联法规

《书籍稿酬暂行规定》第3条,《国家版权局关于出版美术作品适用版税问题的意见》,《使用文字作品支付报酬办法》

关联案例

袁某诉丁某等著作权权属纠纷案,(2012)济民三初字第107号、(2013)鲁民三终字第97号、(2013)民申字第363号

第三十一条 【禁止侵犯作者权利】出版者、表演者、录音录像制作者、广播电台、电视台等依照本法有关规定使用他人作品的,不得侵犯作者的署名权、修改权、保护作品完整权和获得报酬的权利。

条文注释

本条是关于使用他人作品的人,取得著作权使用权后应当履行的义务的规定。

出版者、表演者、录音录像制作者、广播电台、电视台是作品的传播者,他们要传播作品,必须经著作权人许可,取得使用作品的权利。但是,使用作品的权利只是著作权中的一项或者几项权利,除此之外,著作权人还有署名权、修改权、保护作品完整权和获得报酬的权利。出版者、表演者、录音录像制作者、广播电台、电视台虽然各自取得出版、表演、录制、播放的权利,但署

名权、修改权、保护作品完整权和获得报酬的权利,仍然属于著作权人。因此,出版者、表演者、录音录像制作者、广播电台、电视台在出版、表演、录制、播放的过程中,应当尊重著作权人的这些权利,不得侵犯作者的署名权、修改权、保护作品完整权和获得报酬的权利。

本条规定的"依照本法有关规定使用他人作品",主要指的是通过签订著作权许可使用合同或者著作权转让合同取得的使用权,也可包括"合理使用"或者"法定许可"取得的使用权。

第四章　与著作权有关的权利

第一节　图书、报刊的出版

第三十二条　【出版合同】图书出版者出版图书应当和著作权人订立出版合同,并支付报酬。

条文注释

本条是关于订立图书出版合同及图书出版者在出版图书时应尽义务的规定。

所谓图书出版,一般是指用排版方式将作品制成图书并向公众出售的行为,同表演、广播等利用作品的方式(从有形至无形)不同,它在使用作品过程中完成的是从无形到有形的循环。《著作权法》第10条关于著作权人各项权利的规定中并未单列"出版权",从某种意义上讲,出版不过是复制的一种方式,它所包含的内容完全可被第10条中的复制权和发行权涵盖。

所谓图书出版者,在我国是指经国家出版行政管理机关审批登记,规定了出书范围,发给了统一编号的图书出版单位。

图书出版合同应采书面形式,这一点有别于报社、杂志社刊登作品。根据《著作权法》第26条对许可使用合同的要求,可参照国家版权局提供的标准格式合同订立合同。

关于作者主动给图书出版者投稿的作品出版问题,《著作权法实施条例》有具体规定。著作权人自费出版并不涉及著作权的许可使用问题,不能构成本条所指的图书出版合同。

关联法规

《民法典》第470条,《使用文字作品支付报酬办法》

第三十三条 【专有出版权】图书出版者对著作权人交付出版的作品,按照合同约定享有的专有出版权受法律保护,他人不得出版该作品。

条文注释

所谓专有出版权,是指出版者在合同约定的期间内享有排除包括著作权人在内的所有人再次出版该作品的权利。专有出版权具有排他性,这一权利的本质特征是禁止权,其权利内容包括以下几点:第一,著作权人在出版合同约定的专有出版权期限内,在合同约定的地区内,不能再行使出版权;第二,出版社在享有专有出版权期间,只能自己出版,不得许可他人出版;第三,其他人不得以印刷方式复制发行该作品,侵犯享有专有出版权的出版社的利益。

专有出版权源于著作权人在出版合同中的明确授权。若著作权人未在合同中声明让与的是专有出版权,则图书出版者不得主张享有排他性的专有出版权。

专有出版权的期限由出版合同约定。专有出版权在以下情况下消灭:第一,合同约定的期限届满;第二,图书脱销后,图书出版者拒绝重印再版,著作权人提出终止合同;第三,出现了合同约定的专有出版权消灭的事项;第四,其他事项,如图书出版社终止合同等。

第三十四条 【作品的交付及重印、再版】著作权人应当按照合同约定期限交付作品。图书出版者应当按照合同约定的出版质量、期限出版图书。

图书出版者不按照合同约定期限出版,应当依照本法第六十一条的规定承担民事责任。

图书出版者重印、再版作品的,应当通知著作权人,并支付报酬。图书脱销后,图书出版者拒绝重印、再版的,著作权人有权终止合同。

条文注释

本条是关于图书出版者与著作权人在交付作品、出版期限以及图书的重印、再版等问题上的权利义务的规定。

著作权人应按合同约定的条件按期交付作品,双方在签订合同时要考虑到作品的情况,特别是还没有进行创作或创作未完成的作品,对于这种约稿,合同要留出足够的创作时间。如果著作权人未按期交付作品,出版者有权要求其承担民事责任。图书出版者应依作品原件,按照合同约定的出版期限及正规出版惯例复制和发行作品。如果图书出版者在合同约定的期限内没有履行出版义务或延期履行,则应承担一定的民事责任。

出版者有义务按合同约定的出版质量出版图书。所谓出版质量,一般是指印刷质量和版本种类,包括精装本、平装本、袖珍本等。图书出版者在未经作者同意的情况下,不得对作品进行修改、删节,否则将构成对作者修改权及保护作品完整权的侵害。当然图书出版者为保证书籍质量,对未达出版水平的作品可要求作者修改,直至达到出版水平。

图书需要重印、再版时,图书出版者应当通知著作权人,并支付报酬。所谓重印,是指将以出版物的形式发表的作品不作任何改变而重新印刷。所谓再版,又称重版,即利用原有的纸型、图版或底片再次印刷,再版时,著作权人有权修改,图书出版者也可以改变版本种类。在图书出版合同的有效期间,图书脱销后,图书出版者拒绝重印或再版的,著作权人有权终止合同。所谓图书的脱销,是指著作权人寄给图书出版者的两份订单在6个月内未能得到履行,视为图书的脱销。

关联法规
《著作权法实施条例》第29条

第三十五条 【作品的投稿、转载】著作权人向报社、期刊社投稿的,自稿件发出之日起十五日内未收到报社通知决定刊登的,或者自稿件发出之日起三十日内未收到期刊社通知决定刊登的,可以将同一作品向其他报社、期刊社投稿。双方另有约定的除外。

作品刊登后,除著作权人声明不得转载、摘编的外,其他报刊可以转载或者作为文摘、资料刊登,但应当按照规定向著作权人支付报酬。

条文注释

本条规定了报社、期刊社与著作权人就作品发表时的权利义务关系及报纸期刊转载的法定许可问题。

本法涉及的期刊指有固定名称,定期或不定期编号印行的成册的连续出版物,如月刊、季刊、半年刊、不定期刊等。

法律为了平衡著作权人及报社、期刊社的利益,规定著作权人向报社投稿的,报社应当及时通知著作权人是否采用,著作权人自投稿之日起15日内未收到报社决定采用的通知的,可以将同一作品投给其他报社。著作权人向期刊社投稿的,期刊社应当及时通知著作权人是否采用,著作权人自投稿之日起30日内未收到期刊社决定采用的通知的,可以将同一作品投给其他期刊社。著作权人同报社、期刊社另有约定的,从其约定。从此意义上讲,法律虽然在一定期间上禁止一稿多投,但并未赋予报刊社对作品的专有出版权或登载权,实践中,许多报刊为了维护自己的利益而发表声明对本刊发表的作品一律拥有专有出版权,此类声明若未经作者授权则是无效的。

本条第 2 款规定了报刊转载或摘编的法定许可问题。即作品刊登后,除著作权人声明不得转载、摘编的外,其他报刊可以转载或者作为文摘、资料刊登,但应当按照规定向著作权人支付报酬。所谓法定许可,是指他人依法律的明文规定不经著作权人许可而有偿地使用其作品。这是我国著作权法对作者权利的一种主要限制,其实质在于将著作权中的某些权利由一种绝对权降格成为一种获酬权。根据本款的规定,作品刊登后除著作权人声明不得转载、摘编的外,其他报刊可以转载或者作为文摘、资料刊登,但应当向著作权人支付报酬。

在报刊转载、摘编问题上应注意两点:一是报刊社刊登演绎作品时,除向演绎作品著作权人付酬外,还应向原作品的著作权人付酬,因为这是对原作品的间接使用。刊登、摘编了剽窃、抄袭等侵权作品,报刊不负责任,但明知其为侵权作品而刊登、摘编的除外。二是应当将报刊社转载、摘编的法定许可问题同《著作权法》第 24 条中第 4、5 项中的合理使用区别开来。报纸、期刊为报道时事新闻不可避免地再现或者引用已发表的作品,以及报纸、期刊刊登其他报纸、期刊、广播电台、电视台等媒体已经发表的关于政治、经济、宗教问题的时事性文章(作者声明不许刊登的除外),皆属合理使用,报刊社不必经著作权人许可,也不必支付报酬。

关联法规

《著作权法实施条例》第 22 条,《著作权集体管理条例》第 25 条,《最高人民法院关于审理著作权民事纠纷案件适用法律若干问题的解释》第 17 条,《国家版权局办公厅关于规范网络转载版权秩序的通知》

关联案例

绍兴市水利局诉王某贤公司侵害著作权纠纷案,(2013)民提字第 15 号

第三十六条 【作品的修改、删节】图书出版者经作者许可,可以对作品修改、删节。

报社、期刊社可以对作品作文字性修改、删节。对内容的修改,应当经作者许可。

条文注释

图书出版社因出版时间比较充裕,一般图书的一版和二版的间隔要以年为单位计算,畅销书也要几个月,并且图书的文字篇幅较为灵活,因此,图书出版社编辑人员对作品无论是文字性删改,还是作实质性修改,均应得到著作权人的授权。而报社、期刊社由于出版时间和篇幅所限,如日报出版周期一般为24小时,多数期刊出版周期为半月、一个月或两个月,实践中的问题是期刊社经常来不及同作者商量修改作品的问题,比如,在稿件交付排版后发现因版面所限要减少篇幅,时间紧迫无法及时取得著作权人的授权,因此,《著作权法》第33条授予报刊社对作品的文字性修改权——"报刊、期刊社可以对作品作文字性修改、删节。对内容的修改,应当经作者许可"。需明确的是此修改权仅限于文字性,因为内容的修改涉及"文责自负"的问题,并且,期刊社在决定采用稿件时也应对内容进行审查,如必须对内容进行修改则应在交付排版前与著作权人协商。

无论是报社、期刊社享有的对作品非经作者许可的文字性修改权或是图书出版者经作者授权后享有的作品修改权,权利均源于作者对其作品的修改权及保护作品完整权。一部作品作为一个整体,反映了作者独特的创作思想和创作艺术,任何增删或者修改作品的行为都有可能违背作者的创作思想。作者对其作品享有的修改权,其权利内容从正面讲,作者有权修改自己的作品,从反面讲,作者有权禁止他人修改或者增删自己的作品。在禁止他人修改或歪曲自己作品的权利范围方面,许多国家都作了较严格的限制。如《德国著作权法》第14条规定,作者有权禁止对其作品所作的任何有损其合法的知识产权利益或人身利益的歪曲或增删。《日本著作权法》第 20 条规定,作者有权保持其作品与标题的统一性,有权禁止他人作违反这种统一性的修饰、删节或其他改动。《英国版权法》第 80 条也规定,作者有权禁止他人对其作品进行的不合理改动。因此,无论是图书出版者或是报社、期刊社均应尽到充分尊重作者人身权的义务。

> **第三十七条 【版式设计专有使用权】**出版者有权许可或者禁止他人使用其出版的图书、期刊的版式设计。
>
> 　　前款规定的权利的保护期为十年,截止于使用该版式设计的图书、期刊首次出版后第十年的 12 月 31 日。

条文注释

本条是关于出版者对其出版的图书、期刊的版式设计专有使用权的规定。

所谓版式设计,是指对印刷品版面格式的设计,包括对版心、排式、用字、行距、标点等版面布局因素的安排。版式设计是出版者在编辑加工作品时完成的劳动成果。被出版的作品是否受到著作权保护并不影响版式设计的成立。

出版者对其版式设计享有专有使用权,即除了出版者自己可以随意使用其版式设计外,其他人未经许可不得擅自按原样复制。出版者的禁止使用还包括简单的、改动很小的复制以及变化了比例尺的复制。通常出版者的版式设计专有使用权不包含人身权利的因素。

版式设计往往同装帧设计相联,装帧设计是对开本、装订形式、插图、封面、书脊、护封和扉页等印刷物外观的装饰。1991 年《著作权法实施条例》第 38 条曾规定,"出版者对其出版的图书、报纸、杂志的版式、装帧设计,享有专有使用权",但 2001 年修改《著作权法》时并未涉及出版者享有装帧设计专有使用权的问题。在立法部门征求意见的过程中,对这一问题存在分歧。出版部门的同志认为装帧设计包括封面设计和版式设计,出版者对版式设计享有专有使用权没有争议,但封面设计的问题比较复杂。封面设计包括封一至封四,有些同志认为封面设计(大多数是美术作品)具有独创性,应属美术作品加以保护,其权利人是封面设计者而非出版者。也有同志认为,装帧设计中的封面设计具有附属性,离不开作品,大多数封面设计是出版社委托他人设计完成的,这些封面设计一般与书的内容密切相关,如果委托的出版社不需要该封面设计,该封面设计就没有多大价值,并且从实际情况看,一般出版社向设计者支付报酬后,设计者也不再关心封面设计的用途,而出版社则很关心封面设计权利,因此,对封面设计专有权应当作为一种邻接权加以保护。有人认为,实践中,确定封面设计的权利归属主要看合同的约定,出版社与设计者约定出版社买断用于图书出版的封面设计权利的,该权利由出版社享有;但封面设计者将封面设计用于其他方面的,权利仍由设计者享有,例如设计者自己或者许可他人将封面设计编辑成集子,出版社无权干涉。还有人提出,应当区分两种情况来确定封面设计的权利归属:一种情况是封面设计是由出版社的员工作为工作任务完成或者由出版社组织员工完成的。在这种情况下,封面设计的权利归属应当依据职务作品或者法人作品的规定来确定。另一种情况是封面设计由出版社外的人员完成的。在这种情况下,出版社应当依据与封面设计者签订的合同享有权利,合同没有规定的权利由封面设计者享有。

关联案例

海南出版社有限公司与吉林美术出版社著作权侵权纠纷再审案,(2012)民申字第1150号

第二节 表 演

第三十八条 【表演者的义务】使用他人作品演出,表演者应当取得著作权人许可,并支付报酬。演出组织者组织演出,由该组织者取得著作权人许可,并支付报酬。

条文注释

本条是关于表演者使用他人作品演出时对作品著作权人应尽义务的规定。

所谓表演,即演奏乐曲、上演剧本、朗诵诗词等直接或借助技术设备以声音、表情、动作公开再现作品的行为。表演是指对文学艺术作品的公开再现,魔术、武术、体操表演者的"表演"均非著作权法意义上的表演。表演者包括自然人的表演者及演出单位,即剧团、歌舞团等表演法人及其他组织。

表演者因使用作品而和著作权人发生著作权关系。这种关系因以下原因发生:一是表演者自己组织营业性演出,由表演者(主要是演出单位,如中央歌剧院)在剧场、演出单位、个人之间分配收入。二是音像制作者、演出组织者(如某机关、团体组织会演)、广播电台、电视台组织演出。前者可称为由表演者分配收入的表演,后者可称为非表演者负责分配的表演。前一种表演,由表演者请求著作权人许可,向其付酬,后一种表演,由演出组织者请求著作权人许可和付酬。

著作权法的核心就是尊重和保护那些付出了创造性劳动,为社会创造、传播精神产品的人。使用他人的作品即是使用他人的劳动,应当尊重他人的精神权利和财产权利。表演者在表演作品时,除去对作品著作权人应尽的财产权上的义务外,还需充分尊重作品作者的人身权。表演者应当尊重作者的署名权,在表演中忠实地再现作品,不得歪曲、篡改作品。为了演出的需要,如果要修改作品,应当征求著作权人的意见,不得擅自修改。但仅有文字变动的应当除外。

关联法规

《国家版权局关于适用有关"非法经营额难以计算"规定的意见》

关联案例

沙某亮等与陈某著作权纠纷上诉案,(2004)二中民终字第1923号;

陈某斯等诉湖北省扬子江音像出版社等著作权复制权、发行权纠纷和邻接权纠纷案,(2001)沪二中知初字第1号

第三十九条 【表演者的权利】表演者对其表演享有下列权利:

(一)表明表演者身份;

(二)保护表演形象不受歪曲;

(三)许可他人从现场直播和公开传送其现场表演,并获得报酬;

(四)许可他人录音录像,并获得报酬;

(五)许可他人复制、发行、出租录有其表演的录音录像制品,并获得报酬;

(六)许可他人通过信息网络向公众传播其表演,并获得报酬。

被许可人以前款第三项至第六项规定的方式使用作品,还应当取得著作权人许可,并支付报酬。

条文注释

本条是关于表演者权利的保护规定。就表演者对其表演享有的权利,对比2010年《著作权法》,2020年修订增加了"许可

他人出租录有其表演的录音录像制品,并获得报酬"的权利。

表演者权利的客体是表演者的表演,即演员的形象、动作、声音的组合。即使剧本将演员的动作细节、语调高低皆给出明确的标识,受表演者权保护的客体也不是剧目,而是演员的表演。

表演者的权利并不是指表演者作为演出行业的公民一般应享有的权利,而是在著作权法上享有的权利。

表演者权利在版权理论上称作邻接权。它是与著作权相邻的权利。与小说、散文、剧本作者的权利相比,邻接权(同时包括音像制作者和广播电视组织的权利)是一种由著作新产生的知识产权,与版权接近,但又不同于传统的版权,鉴于两者性质上的密切关系可以归入著作权法调整。

> **第四十条 【职务表演】**演员为完成本演出单位的演出任务进行的表演为职务表演,演员享有表明身份和保护表演形象不受歪曲的权利,其他权利归属由当事人约定。当事人没有约定或者约定不明确的,职务表演的权利由演出单位享有。
>
> 职务表演的权利由演员享有的,演出单位可以在其业务范围内免费使用该表演。

<u>条文注释</u>

2020年《著作权法》修订新增了本条有关职务表演的规定,规定演员为完成本演出单位的演出任务进行的表演为职务表演,其权利归属原则上由当事人约定,在当事人没有约定或约定不明的情况下,职务表演的相关权利由演出单位享有;并进一步规定了职务表演的权利由演员享有的,演出单位可以在其业务范围内免费使用该表演。

本条作为2020年修法的新增条款,主要是为了明确著作权人在职务表演的情况下,表演者和演出单位分别应该享有哪些权利。

第四十一条 【表演者权利的保护期】本法第三十九条第一款第一项、第二项规定的权利的保护期不受限制。

本法第三十九条第一款第三项至第六项规定的权利的保护期为五十年,截止于该表演发生后第五十年的12月31日。

条文注释

本条是关于表演者权利保护期的规定,主要包括以下两点:

第一,对表演者的人身权利永久保护。对作者的人身权,《著作权法》规定永远保护。对于表演者的人身权,也给予同样保护。表演者权利中精神权利的内容同表演者人身相连,不可转让,不受剥夺。

第二,表演者权中的财产权保护期为50年。若不规定表演者许可他人从现场直播和公开传送其现场表演的权利保护期问题,则可能从问题的反面导出悖论。如舞蹈家某甲于2007年10月1日表演了一幕独舞,在表演现场有观众某乙出于个人欣赏的目的将其录制下来。因此种行为属合理使用的范畴,舞蹈家对录制行为无权禁止,并且此种录制行为不属于《著作权法》第39条第4项表演者的许可他人录音录像的权利,因为此种录制权不必源于表演者的授权。随后某乙将录有此幕舞蹈的录像拿去某影视公司复制发行,此时若无有关表演者对现场表演保护期的规定,舞蹈家某甲无权向某乙提出侵权之诉,因为舞蹈家某甲在10月1日的表演已经结束,其当时的表演已不再是法律保护的客体,这显然是不正确的。因此,本条对表演者权利保护期作出了规定:对表演者人身权利的保护不受限制;对表演者权中的财产权利的保护期为50年,截止于该表演发生后的第五十年的12月31日。

关联法规

《与贸易有关的知识产权协定》第14条

第三节 录音录像

第四十二条 【录音录像制作者使用作品】录音录像制作者使用他人作品制作录音录像制品,应当取得著作权人许可,并支付报酬。

录音制作者使用他人已经合法录制为录音制品的音乐作品制作录音制品,可以不经著作权人许可,但应当按照规定支付报酬;著作权人声明不许使用的不得使用。

条文注释

录音录像制品是使用他人作品制作完成的,必然要和作品的著作权人发生多方面的权利义务关系,主要有以下三种情况:一是使用他人作品制作录音制品;二是使用他人作品制作录像制品;三是使用演绎作品制作录音录像制品。所谓演绎作品,是指对已有作品进行翻译、改编、注释、整理而产生的作品。

按照本条第2款的规定,第一,作品已被使用的方式仅限于合法录制,在报刊上发表、经现场表演都不能作为法定许可的条件。第二,被合法录制为录音制品的作品种类仅限于音乐作品。曲艺、文学故事、诗歌朗诵等文字作品及其他作品,即使已被合法录制,使用时还要经著作权人许可。所谓"已经合法录制",是指已有人经作者授权,将他们的词曲制作成录音制品。既然作者同意将他的作品以录音的方式使用,后位的录音制作者就可以不再取得作者授权,只要向作者支付作品使用费即可。需要说明的是,使用他人已合法录制的音乐作品,不能是将他人已录制的录音制品复制到自己的录音制品上。

为了尊重作者的意愿,保护其著作权,本条在规定法定许可的同时,规定"著作权人声明不许使用的不得使用"。也就是说,对于那些著作权人已声明某作品未经其许可不得再制作录音制品的,录音制作者就不能适用法定许可的规定,否则将构成侵权。

关联法规

《著作权法实施条例》第22条、《著作权集体管理条例》第25条、《实施国际著作权条约的规定》第16条、《伯尔尼公约》第13条

关联案例

中国体育报业总社诉北京图书大厦有限责任公司、广东音像出版社有限公司、广东豪盛文化传播有限公司著作权权属、侵权纠纷案,(2012)西民初字第14070号

第四十三条 【录音录像合同和报酬】录音录像制作者制作录音录像制品,应当同表演者订立合同,并支付报酬。

条文注释

按照本条规定,录音录像制作者制作录音录像制品,应当同表演者订立合同。合同是明确表演者和录音录像制作者双方权利义务的法律文件,内容应当明确具体,包括:(1)许可使用的权利的种类;(2)许可使用的权利是专有使用权还是非专有使用权,即写明录音录像制作者对表演享有的是排他性的独占使用权,还是非排他非独占的使用权;(3)许可使用的地域范围、期间,即写明使用作品的地域和作品使用者享有使用权的承续期间;(4)付酬标准和办法,即写明以何种方式支付报酬;(5)违约责任;(6)双方认为需要约定的其他内容,如保责条款、争议的解决方式。

关联案例

央视国际网络有限公司与鸿波信息有限公司侵害录音录像制作者权纠纷案,(2011)深南法知民初字第244号、(2012)深中法知民终字第226号;

央视国际网络有限公司与北京智能无限科技有限公司侵害作品信息网络传播权纠纷案，(2010)海民初字第8629号、(2011)一中民终字第5129号

第四十四条　【录音录像制作者专有权和权利保护期】

录音录像制作者对其制作的录音录像制品，享有许可他人复制、发行、出租、通过信息网络向公众传播并获得报酬的权利；权利的保护期为五十年，截止于该制品首次制作完成后第五十年的12月31日。

被许可人复制、发行、通过信息网络向公众传播录音录像制品，应当同时取得著作权人、表演者许可，并支付报酬；被许可人出租录音录像制品，还应当取得表演者许可，并支付报酬。

条文注释

本条是关于录音录像制作者专有权和权利保护期，以及录音录像制作者与著作权人、表演者关系的规定。

所谓录音录像制作，是指用机械、光学、电磁、激光等科学技术手段，将作品音响或者图像记录在唱片、磁带、磁盘、激光盘或其他载体上的行为。

录音录像者的权利是随着录音录像技术的发展而产生的。现代技术的发展，使复制录音录像制品极为容易。一些企业和个人常常擅自复制他人的录音录像制品非法牟利，为保护自己的利益，录音录像制作者要求法律规定其应有的权利。为履行我国加入世界贸易组织的承诺，2020年修改后的《著作权法》不仅保留规定了录音录像制作者享有复制发行的权利，而且按照《与贸易有关的知识产权协定》的要求，增加规定了录音录像制作者享有出租权。同时针对目前计算机网络发展对著作权及相关权的影响，借鉴《世界知识产权组织表演和录音制品条约》，规

定了录音录像制作者享有信息网络传播权。

录音录像制作者权利的保护期为50年,截止于该制品首次制作完成后第五十年的12月31日。保护期从录音录像制品首次"制作完成"后起算。录音录像制品的保护期是对录音录像制作者权利的保护,在权利保护期内使用录音录像制品,要按照《著作权法》的规定取得录音录像制作者许可,并支付报酬,超过保护期,该录音录像制品即进入公有领域,可以随意使用,不必经许可,也不必支付报酬。

录音录像制作者许可他人使用录音录像制品,被许可人仅支付报酬是不够的,还要取得著作权人和表演者许可。

【关联法规】

《保护录音制品制作者防止未经许可复制其录音制品公约》《与贸易有关的知识产权协定》第11、14条,《世界知识产权组织表演和录音制品条约》第13、14条

第四十五条 【录音作品制作者针对特定使用情形的获酬权】将录音制品用于有线或者无线公开传播,或者通过传送声音的技术设备向公众公开播送的,应当向录音制作者支付报酬。

【条文注释】

本条是关于录音制品制作者对特定使用情形享有获酬权的规定,这是2020年修法时新增加的内容。

何为"向公众公开播送",在《伯尔尼公约》与《世界知识产权组织版权条约》中的"向公众传播"只有一个意思,即将作品传向不在现场的公众,也就是所说的远程传播。《世界知识产权组织表演和录音制品条约》第15条第1款规定:"对于将为商业目的发行的录音制品直接或间接地用于广播或者用于对公众的任何传播,表演者和录音制品制作者应享有获得一次性合理报酬的权利。"我国在加入《世界知识产权组织表演和录音制品条

约》时对这条内容声明予以保留,所以 2010 年《著作权法》中没有体现类似的规定。但 2020 年《著作权法》第 45 条无疑参考了《世界知识产权组织表演和录音制品条约》第 15 条第 1 款内容。根据《世界知识产权组织表演和录音制品条约》第 2 条对"向公众传播"的定义,在第 15 条中,"向公众传播"被赋予了更广泛的含义,不仅包括远程传播,也包括现场传播。因此,根据《世界知识产权组织表演和录音制品条约》第 15 条的规定,无论是远程传播还是现场传播录音制品,录音制作者都享有获酬权。

在实际操作中,本条有两个问题尚需进一步明确:一是报酬标准问题。如前所述,我国《著作权法》赋予录音制作者的是一项获酬权,即使用者在使用前不必取得权利人许可,只要支付报酬即可。这种规定实际上类似于法定许可制度,通过法律规定直接排除了权利人的磋商机会或谈判机会,因此必须明确报酬标准。二是许可机制问题。由于本规定列举的两类使用方式极其普遍,录音制作者和使用者众多,每一个录音制作者与每一个使用者进行"点对点"的许可方式是不现实的。所以,国际社会一般采取著作权集体管理方式来解决此问题,即通过著作权集体管理组织来管理录音制作者的权利,向使用者"一揽子"发放许可,收取版权使用费后再在权利人内部分配。此外,在实践中关于录音制作者的此项权利行使很可能会与音乐作品著作权人的有关权利行使重叠交叉,比如背景音乐场合原来只涉及音乐作品著作权人即词曲作者的权利,在 2020 年修法前背景音乐只需要取得词曲作者的许可并支付报酬即可,但在 2020 年修法后按照本条规定录音制作者也享有获酬权了,两类权利主体在行使权利时必然涉及协调合作问题。因此,如何运用著作权集体管理制度来解决权利行使问题,如何在相关集体管理组织之间建立合作机制是关键。

第四节　广播电台、电视台播放

第四十六条　【广播电台、电视台使用作品】广播电台、电视台播放他人未发表的作品，应当取得著作权人许可，并支付报酬。

广播电台、电视台播放他人已发表的作品，可以不经著作权人许可，但应当按照规定支付报酬。

条文注释

广播电台、电视台播放作品分为两种情况：(1) 播放他人未发表的作品。根据《著作权法》的规定，著作权人享有发表权，有权决定自己的作品是否公之于众，以及以何种方式公之于众；同时享有广播权，即享有许可他人以无线方式公开广播或传播作品，以有线传播或者转播的方式向公众传播广播的作品，以及通过扩音器或者其他传送符号、声音、图像的类似工具向公众传播广播的作品的权利。由于著作权人上述权利的存在，广播电台、电视台播放著作权人未发表的作品，应当取得著作权人许可。著作权人同意将自己的作品以电台、电视台播放的方式公之于众的，应当与电台、电视台签订许可使用合同。(2) 播放他人已发表的作品。根据我国实际情况，在符合伯尔尼公约的前提下，对著作权人行使播放权进行一定限制还是必要的。因此，本条规定，播放已发表作品可以不经著作权人许可，但应当支付报酬。由于播放已发表的作品没有经过著作权人许可，著作权人对付酬问题不可能事先提出要求，因此，就会遇到如何付酬的问题。《著作权法》第30条的规定："使用作品的付酬标准可以由当事人约定，也可以按照国家著作权主管部门会同有关部门制定的付酬标准支付报酬。当事人约定不明确的，按照国家著作权主管部门会同有关部门制定的付酬标准支付报酬。"按照这一规定,广播电台、电视台播放已发表的作品,可以同著作权人授权的集体管理组织就付酬的标准和方式进行协商,按照协商后的数额支付报酬。没有集体管理组织的,按照国家著作权主管部门会同有关部门制定的付酬标准支付报酬。

关联法规

《著作权集体管理条例》第25条,《伯尔尼公约》第11条之二,《广播电台电视台播放录音制品支付报酬暂行办法》

关联案例

佛山人民广播电台与贾志刚著作权权属纠纷上诉案,(2015)京知民终字第122号;

大中南影业公司诉瑞金广电中心、赣州电视台著作权侵权纠纷案,(2013)赣中民四初字第96号

第四十七条 【广播组织专有权和权利保护期】广播电台、电视台有权禁止未经其许可的下列行为:

(一)将其播放的广播、电视以有线或者无线方式转播;

(二)将其播放的广播、电视录制以及复制;

(三)将其播放的广播、电视通过信息网络向公众传播。

广播电台、电视台行使前款规定的权利,不得影响、限制或者侵害他人行使著作权或者与著作权有关的权利。

本条第一款规定的权利的保护期为五十年,截止于该广播、电视首次播放后第五十年的12月31日。

条文注释

2020年修法对本条修改的幅度较大,一是明确了转播包括以有线或者无线方式;二是增加了广播电台、电视台的信息网络传播权;三是增加了对广播电台、电视台行使有关权利的限制性条款。

转播,是指一个广播组织的节目被另一个广播组织同时广

播。"转播"强调的是"同时",将节目录制下来的再播放是重播而不是转播。转播广播、电视,指的是通过电磁波从一个收发射系统转到另一个收发射系统,而不是转播广播、电视"节目",节目能否为另一个广播组织使用是著作权和相关权人的权利,广播组织仅有对于转播的禁止权。

广播组织对转播、录制复制的禁止权的保护期为50年,这一期限长于《与贸易有关的知识产权协定》所要求的至少20年的保护期。保护期截止于广播、电视首次播放后的第五十年的12月31日。在保护期内,其他广播组织未经许可播放了某电台、电视台首次播放的广播电视,首次播放的电台、电视台有禁止播放的权利。超过了保护期,广播组织的播放权不再受保护。

第四十八条 【电视台播放他人作品】电视台播放他人的视听作品、录像制品,应当取得视听作品著作权人或者录像制作者许可,并支付报酬;播放他人的录像制品,还应当取得著作权人许可,并支付报酬。

【条文注释】

本条是关于电视台播放他人的视听作品和录像制品的规定。

2020年修法对本条未作实质性修改,仅根据视听作品概念及其权利归属的规定调整了有关表述。一是根据《著作权法》第3条对视听作品概念的规定,将"电影作品和以类似摄制电影的方法创作的作品"修改为"视听作品";二是将"制片者"修改为"视听作品著作权人"。这是因为,根据《著作权法》第17条的规定,法律修改前,视听作品的权利一律归属于"制片者",法律修改后,只有电影作品、电视剧作品的著作权一律由制作者享有,除此之外的视听作品的著作权则首先由当事人约定。

【关联法规】

《著作权法实施条例》第26~35条

关联案例

周某康、章某元等诉浙江省戏剧家协会等侵害著作权纠纷案,(2011)浙杭知初字第967号

第五章 著作权和与著作权有关的权利的保护

第四十九条 【技术措施】为保护著作权和与著作权有关的权利,权利人可以采取技术措施。

未经权利人许可,任何组织或者个人不得故意避开或者破坏技术措施,不得以避开或者破坏技术措施为目的制造、进口或者向公众提供有关装置或者部件,不得故意为他人避开或者破坏技术措施提供技术服务。但是,法律、行政法规规定可以避开的情形除外。

本法所称的技术措施,是指用于防止、限制未经权利人许可浏览、欣赏作品、表演、录音录像制品或者通过信息网络向公众提供作品、表演、录音录像制品的有效技术、装置或者部件。

条文注释

本条是关于技术措施的规定,是在《著作权法》第48条第6项和《信息网络传播权保护条例》第4条、第26条的基础上修改后新增加的内容。

本条第1款肯定了权利人为了保护著作权及其有关权利,有权采取技术措施,强调了技术措施的实施主体是权利人。

对本条第2款的理解需要特别注意以下几点:

第一,规避技术措施的行为必须是故意的,即主观上是应知或者明知。第二,规避技术措施的行为包括三类:一是避开或者

破坏技术措施;二是制造、进口或向公众提供有关装置或部件,且以避开或破坏技术措施为目的;三是为他人避开或者破坏技术措施提供技术服务,主要是指为他人避开或破坏技术措施提供技术或设备的支持。此三类行为中,第一类属于直接规避技术措施的行为,各国法律都予以禁止。第二、三类属于间接规避技术措施的行为,是否禁止,各国立法和具体做法并不一致。2012年12月17日出台的《最高人民法院关于审理侵害信息网络传播权民事纠纷案件适用法律若干问题的规定》第3条规定,"网络用户、网络服务提供者未经许可,通过信息网络提供权利人享有信息网络传播权的作品、表演、录音录像制品,除法律、行政法规另有规定外,人民法院应当认定其构成侵害信息网络传播权行为"。该规定实际上扩大了间接规避技术措施的范围,强化了对权利人的保护。

本条第3款是对技术措施的定义。该条款源于《信息网络传播权保护条例》第26条的规定,主要是参考了欧盟《信息社会版权指令》关于技术措施的规定。

关联法规

《最高人民法院关于审理侵害信息网络传播权民事纠纷案件适用法律若干问题的规定》第3条,《信息网络传播权保护条例》第26条,欧盟《信息社会版权指令》

第五十条 【技术保护措施限制与例外】下列情形可以避开技术措施,但不得向他人提供避开技术措施的技术、装置或者部件,不得侵犯权利人依法享有的其他权利:

(一)为学校课堂教学或者科学研究,提供少量已经发表的作品,供教学或者科研人员使用,而该作品无法通过正常途径获取;

(二)不以营利为目的,以阅读障碍者能够感知的无障

碍方式向其提供已经发表的作品,而该作品无法通过正常途径获取;

(三)国家机关依照行政、监察、司法程序执行公务;

(四)对计算机及其系统或者网络的安全性能进行测试;

(五)进行加密研究或者计算机软件反向工程研究。

前款规定适用于对与著作权有关的权利的限制。

条文注释

本条是关于技术保护措施限制与例外的规定,是2020年修法新增加的内容。第1款前四项源于《信息网络传播权保护条例》第12条,删除了该条例第4项的"在信息网络上"这一表述,并在文字上作了修改,同时增加了第5项和第2款。

本条第1款列举的五种情形适用于著作权对技术措施的限制,第2款规定上述5种例外情形同样适用于与著作权有关的权利对技术措施的限制,即在技术措施保护方面,对著作权和与著作权有关的权利的限制是同等的。

关联法规

《信息网络传播权保护条例》第12条

第五十一条 【保护权利管理信息】未经权利人许可,不得进行下列行为:

(一)故意删除或者改变作品、版式设计、表演、录音录像制品或者广播、电视上的权利管理信息,但由于技术上的原因无法避免的除外;

(二)知道或者应当知道作品、版式设计、表演、录音录像制品或者广播、电视上的权利管理信息未经许可被删除或者改变,仍然向公众提供。

条文注释

本条是关于保护权利管理信息的规定,是在 2010 年《著作权法》第 48 条第 7 项和《信息网络传播权保护条例》第 5 条基础上修改后新增加的内容。

《著作权法》并未对权利管理信息进行定义。我国《信息网络传播权保护条例》第 26 条第 3 款规定:"权利管理电子信息,是指说明作品及其作者、表演及其表演者、录音录像制品及其制作者的信息,作品、表演、录音录像制品权利人的信息和使用条件的信息,以及表示上述信息的数字或者代码。"这与《世界知识产权组织版权条约》和《世界知识产权组织表演和录音制品条约》相关规定是一致的,只是将该信息限定于电子形态,与前述条例本身的调整对象是一致的。

本条第 1 项规定的删除或者改变权力管理信息的豁免条件,即"由于技术上的原因无法避免的除外",主要包括在播放广播或其他节目时,使用作品、录音录像制品的片段,因时间短,无法在播放节目的同时表明权利管理信息,或者在实行数字、模拟信号转换时无法保存管理信息等情况。如果对这种行为以删除或改变权利管理信息为由追究相关行为人的责任,就会对相关技术提出额外的标准和要求,无疑会阻碍技术的发展和信息的传播。因此,世界知识产权组织、美国和我国等一些国家都不将在这种情形下删除或改变权利管理信息的行为视为侵权。

本条第 2 项是在《信息网络传播权保护条例》第 5 条第 1 项和第 2 项基础上,在侵权的对象中增加了版式设计和广播、电视,实现了对与著作权有关的权利客体的全覆盖。

关联法规

《信息网络传播权保护条例》第 5、26 条,《世界知识产权组织版权条约》,《世界知识产权组织表演和录音制品条约》

第五十二条 【侵权行为的民事责任】有下列侵权行为的,应当根据情况,承担停止侵害、消除影响、赔礼道歉、赔偿损失等民事责任:

(一)未经著作权人许可,发表其作品的;

(二)未经合作作者许可,将与他人合作创作的作品当作自己单独创作的作品发表的;

(三)没有参加创作,为谋取个人名利,在他人作品上署名的;

(四)歪曲、篡改他人作品的;

(五)剽窃他人作品的;

(六)未经著作权人许可,以展览、摄制视听作品的方法使用作品,或者以改编、翻译、注释等方式使用作品的,本法另有规定的除外;

(七)使用他人作品,应当支付报酬而未支付的;

(八)未经视听作品、计算机软件、录音录像制品的著作权人、表演者或者录音录像制作者许可,出租其作品或者录音录像制品的原件或者复制件的,本法另有规定的除外;

(九)未经出版者许可,使用其出版的图书、期刊的版式设计的;

(十)未经表演者许可,从现场直播或者公开传送其现场表演,或者录制其表演的;

(十一)其他侵犯著作权以及与著作权有关的权利的行为。

条文注释

本条是关于侵犯著作权和与著作权有关的权益应当承担民事责任的规定。

侵犯著作权和与著作权有关的权益是一种侵权行为,对权利人的人身权和财产权造成了损害,侵权行为人对其造成的损害后果应当承担法律责任。

本条规定的侵权行为包括：

(1)未经著作权人许可,发表其作品的。该行为是侵犯了著作权人的发表权。依照《著作权法》第 10 条第 1 项的规定,决定作品是否公之于众是著作权人的权利,应当由著作权人来决定,他人未经著作权人的同意将其作品发表,是一种侵权行为,造成著作权人的人身和财产的损失,侵权行为人应当承担民事责任。发表权中还包括著作权人有权决定以某种形式发表其作品,如果未按著作权人决定的形式发表其作品,也侵犯了著作权人的发表权,也应当承担民事责任。

(2)未经合作作者许可,将与他人合作创作的作品当作自己单独创作的作品发表的。合作作品是由两个或两个以上的人共同创作的,著作权应当由合作作者共同享有。合作作品中的每一个人都无权单独行使合作作品的著作权,包括对作品的发表权。把合作作品当作自己单独创作的作品发表,不仅侵犯了其他合作作者的发表权,而且窃取了其他合作作者的署名权和对作品的使用权。侵权行为人应当对造成的其他合作作者的人身权和财产权的损害承担赔偿责任。

(3)没有参加创作,为谋取个人名利,在他人作品上署名的。该行为主要是侵犯了作者的署名权。署名权属于创作作品的作者,作者有权在发表的作品上表明自己的身份,即署上自己的姓名,也有权署笔名或不署名。未参加创作的人为谋取个人名利,无论是冒充为单独作者还是冒充为合作作者在他人作品上署名,都是侵犯作者署名权的行为。如果侵权行为人冒充为作者获得了一定的利益,还侵犯了作者的财产权。作者有权禁止未参加创作的人在作品上署名,并有权要求侵权行为人承担民事责任。

(4)歪曲、篡改他人作品的。该行为侵犯了作者保护作品的完整权。作者本人对作品有修改的权利,同时,也有权禁止他人修改自己的作品。在实践中，有时授权他人对作品作合理的修改也是必要的，如作品在出版时，有必要授权书刊出版社的编辑对作品的文字和某些词句作适当的修改。擅自修改他人的作品都是侵权行为，更何况歪曲、篡改他人作品。歪曲、篡改他人作品，破坏了作者通过该作品要表达的思想内容或表达的形式及其艺术风格，侵犯了作品的完整权，作者有权禁止这种侵权行为，并可以要求侵权行为人承担民事责任。

（5）剽窃他人作品的。"抄袭"和"剽窃"基本上是同一语义，不必重复，因此，本条未重复规定"抄袭"。

（6）未经著作权人许可，以展览、摄制电影和以类似摄制电影的方法使用作品，或者以改编、翻译、注释等方式使用作品的，《著作权法》另有规定的除外。根据《著作权法》第10条第8项、第13项、第14项、第15项和第17项的规定，作者对自己的著作享有展览权、摄制权、改编权、翻译权和注释权，作者有权行使上述权利，有许可他人以上述方式使用自己的作品，并由此获得报酬的权利。行为人未经作者许可，以展览、摄制电影和类似摄制电影的方法使用作品，或者以改编、翻译、注释等方式使用作品，侵犯了作者对其作品的展览、摄制、改编、翻译和注释等使用权和获得报酬的权利。著作权人有权要求侵权行为人承担停止侵害、赔偿损失等民事责任。但是依照《著作权法》第二章第四节的规定，合理使用著作权人的作品的除外。

（7）使用他人作品，应当支付报酬而未支付的。这侵犯的是著作权人的财产权。著作权人在许可他人以复制、表演、展览、发行、摄制电影或者以类似摄制电影的方法摄制作品、传播作品，以改编、翻译、汇编、注释等方式使用自己的作品时，有权获得报酬，这是著作权人的财产权的体现。《著作权法》第10条第2款规定："著作权人可以许可他人行使前款第（五）项至第（十七）项规定的权利，并依照约定或者本法有关规定获得报酬。"因此，除本法规定的可以不付报酬的以外，如《著作权法》第24条规定的情形,都应当依照合同约定或者《著作权法》的有关规定给付报酬。给付报酬的标准可以由当事人在合同中约定,也可以按照国务院著作权行政管理部门会同有关部门制定的付酬标准支付报酬,当事人约定不明确的,按照制定的标准支付报酬。使用他人作品,应当给付报酬而未支付的行为包括:①未按约定的数额或者未按制定的标准支付报酬的;②约定的期间拖延或者逾期未付报酬的;③应当给付报酬,而少付或者不付报酬的等。著作权人对使用其作品不付报酬的行为,有权要求使用人给付报酬,因迟延给付报酬造成著作权人经济上损失的,使用人应当赔偿实际损失。

(8)未经电影作品和以类似摄制电影的方法创作的作品、计算机软件、录音录像制品的著作权人或者与著作权有关的权利人许可,出租其作品或者录音录像制品的,《著作权法》另有规定的除外。该行为侵犯的是著作权人的出租权。根据《著作权法》第10条第7项的规定,著作权人有有偿许可他人临时使用电影作品和以类似摄制电影的方法创作的作品、计算机软件的权利,但计算机软件不是出租的主要标的的除外。出租权属于著作权人的权利,是否出租其作品或者录音录像制品,应当由著作权人决定,并由此获得报酬。出租和借用不同,出租本身就含有需要给付对价的意思,未经著作权人许可,出租其作品或者录音录像制品的,侵权行为人应当赔偿著作权人损失。

(9)未经出版者许可,使用其出版的图书、期刊的版式设计的。出版者在出版图书、期刊时,对版式所作的设计是一种新的创作,对此应当予以保护。侵权行为人未经出版者许可,使用其出版的图书、期刊的版式设计,出版者有权要求行为人停止侵权行为,并承担赔偿等民事责任。

(10)未经表演者许可,从现场直播或者公开传送其现场表演,或者录制其表演的。根据《著作权法》第39条的规定,表演者享有许可他人从现场直播和公开传送其现场表演,有权许可他人录音录像,并获得报酬的权利。他人从现场直播和公开传送其现场表演,或者制作录音录像制品,应当取得表演者的同意,并给付报酬。未经许可,擅自从事上述行为,表演者有权制止行为人正在传播或者正在录制其表演的侵权行为,并可要求行为人赔偿损失。

(11)其他侵犯著作权以及与著作权有关的权益的行为。侵犯著作权的行为在实际中较为复杂,法律难以列全,上述列举的10项侵权行为只是侵权中较为常见的行为,第11项作为兜底性规定,将其他侵犯著作权以及与著作权有关的权利包括进来,能够更好地保护权利人的合法权益。

针对本条规定的上述侵权行为,承担民事法律责任的方式有:(1)停止侵害,是指侵权行为人正在实施侵害他人著作权和与著作权有关的权益时,权利人为了防止损害后果的扩大,有权制止正在实施的侵权行为,要求其停止侵害;(2)消除影响、赔礼道歉,是指非财产性承担民事责任的方式,主要适用于侵犯权利人人身权的行为所应承担的民事责任;(3)赔偿损失,是指侵权行为人造成著作权以及与著作权有关的权益的损失时,应当以其财产赔偿权利人的经济损失。除上述民事责任外,根据侵犯著作权的实际情况,还应当承担其他民事责任。上述民事责任,可以单独适用,也可以合并适用。

关联法规

《最高人民法院关于审理著作权民事纠纷案件适用法律若干问题的解释》第4、19、20条

关联案例

于正等与琼瑶侵害著作权纠纷上诉案,(2015)高民(知)终字第1039号;

国家体育场有限责任公司诉熊猫烟花集团股份有限公司、浏阳市熊猫烟花有限公司、北京市熊猫烟花有限公司、北京市城关迅达摩托车配件商店侵害著作权纠纷案,(2009)一中民初字第4476号

第五十三条 【侵权行为的法律责任】有下列侵权行为的,应当根据情况,承担本法第五十二条规定的民事责任;侵权行为同时损害公共利益的,由主管著作权的部门责令停止侵权行为,予以警告,没收违法所得,没收、无害化销毁处理侵权复制品以及主要用于制作侵权复制品的材料、工具、设备等,违法经营额五万元以上的,可以并处违法经营额一倍以上五倍以下的罚款;没有违法经营额、违法经营额难以计算或者不足五万元的,可以并处二十五万元以下的罚款;构成犯罪的,依法追究刑事责任:

(一)未经著作权人许可,复制、发行、表演、放映、广播、汇编、通过信息网络向公众传播其作品的,本法另有规定的除外;

(二)出版他人享有专有出版权的图书的;

(三)未经表演者许可,复制、发行录有其表演的录音录像制品,或者通过信息网络向公众传播其表演的,本法另有规定的除外;

(四)未经录音录像制作者许可,复制、发行、通过信息网络向公众传播其制作的录音录像制品的,本法另有规定的除外;

(五)未经许可,播放、复制或者通过信息网络向公众传播广播、电视的,本法另有规定的除外;

(六)未经著作权人或者与著作权有关的权利人许可,故意避开或者破坏技术措施的,故意制造、进口或者向他人提供主要用于避开、破坏技术措施的装置或者部件的,或者故意为他人避开或者破坏技术措施提供技术服务的,法律、行政法规另有规定的除外;

> （七）未经著作权人或者与著作权有关的权利人许可，故意删除或者改变作品、版式设计、表演、录音录像制品或者广播、电视上的权利管理信息的，知道或者应当知道作品、版式设计、表演、录音录像制品或者广播、电视上的权利管理信息未经许可被删除或者改变，仍然向公众提供的，法律、行政法规另有规定的除外；
>
> （八）制作、出售假冒他人署名的作品的。

条文注释

本条是关于侵犯著作权以及与著作权有关的权利应当承担民事责任，并可以给予行政处罚，甚至追究刑事责任的规定。

2020年修法对本条主要作出了以下修改：一是将侵犯著作权同时损害公共利益的处罚权，由原来的"可以由"著作权行政管理部门处罚改为了"由"主管著作权的部门处罚，将原来的对于侵权行为予以行政处罚的可选责任变成必选责任。二是在行政处罚种类中增加了"予以警告"的处罚措施，适用于一些轻微的侵权行为。三是规定没收、无害化销毁处理侵权复制品以及主要用于制作侵权复制品的材料、工具、设备等。2020年《著作权法》修订删除了没收、销毁有关"情节严重"情形的表述，加大了行政执法对侵权行为的打击力度。在执法实践中，要注意没收、无害化销毁处理的对象除了侵权复制品之外，必须且只能是主要用于制作侵权复制品的材料、工具、设备等。四是对罚款数额进行了细化，规定违法经营额5万元以上的，可以并处违法经营额1倍以上5倍以下的罚款；没有违法经营额、违法经营额难以计算或者不足5万元的，可以并处25万元以下的罚款。

本条规定了8项侵犯著作权的行为，与修改前的条文相比，第5、6、7项规定是在《著作权法》第47、49、51条内容的基础上作了相应调整之后列出的。本条规定的这8项侵权行为，符合我国《刑法》的有关规定，构成犯罪的，应当依法追究刑事责任。

关联法规

《著作权法实施条例》第 36 条,《互联网著作权行政保护办法》,《国家版权局关于对商业零售企业涉嫌销售侵权玩具的处理意见》,《著作权行政处罚实施办法》,《展会知识产权保护办法》,《最高人民法院关于审理著作权民事纠纷案件适用法律若干问题的解释》第 19~21、29 条,《国家版权局关于适用有关"非法经营额难以计算"规定的意见》,《国家版权局关于网吧下载提供"外挂"是否承担法律责任的意见》,《最高人民法院关于审理侵害信息网络传播权民事纠纷案件适用法律若干问题的规定》

关联案例

北京精雕科技有限公司诉上海奈凯电子科技有限公司侵害计算机软件著作权纠纷案,(2006)沪高民三(知)终字第 110 号

第五十四条 【赔偿标准和销毁处置机制】侵犯著作权或者与著作权有关的权利的,侵权人应当按照权利人因此受到的实际损失或者侵权人的违法所得给予赔偿;权利人的实际损失或者侵权人的违法所得难以计算的,可以参照该权利使用费给予赔偿。对故意侵犯著作权或者与著作权有关的权利,情节严重的,可以在按照上述方法确定数额的一倍以上五倍以下给予赔偿。

权利人的实际损失、侵权人的违法所得、权利使用费难以计算的,由人民法院根据侵权行为的情节,判决给予五百元以上五百万元以下的赔偿。

赔偿数额还应当包括权利人为制止侵权行为所支付的合理开支。

人民法院为确定赔偿数额,在权利人已经尽了必要举证责任,而与侵权行为相关的账簿、资料等主要由侵权人掌握的,可以责令侵权人提供与侵权行为相关的账簿、资料;侵

权人不提供，或者提供虚假的账簿、资料等的，人民法院可以参考权利人的主张和提供的证据确定赔偿数额。

人民法院审理著作权纠纷案件，应权利人请求，对侵权复制品，除特殊情况外，责令销毁；对主要用于制造侵权复制品的材料、工具、设备等，责令销毁，且不予补偿；或者在特殊情况下，责令禁止前述材料、工具、设备等进入商业渠道，且不予补偿。

<u>条文注释</u>

本条是关于民事诉讼中损害赔偿标准和销毁处置机制的规定。

目前我国的司法实践中，损害赔偿的数额主要是根据一般损害赔偿的原则来处理的。一般损害赔偿的原则是按照侵权行为人给权利人造成的实际损失来计算的。实际损失包括直接损失和间接损失。实际损失难以计算的，根据侵权行为人因侵权行为所获得的违法所得给予赔偿。

2020年修法，在认真研究国内工作实践和借鉴国外有益经验的基础上，健全了损害赔偿机制，加大了对侵权行为的惩戒力度。具体而言，一是把权利许可使用费增设为确定侵权赔偿额的一种参考方式，即"权利人的实际损失或者侵权人的违法所得难以计算的，可以参照该权利使用费给予赔偿"。二是引入了侵权惩罚性赔偿制度，即"对故意侵犯著作权或者与著作权有关的权利，情节严重的，可以在按照上述方法确定数额的一倍以上五倍以下给予赔偿"。需要注意的是，适用此规定需要满足"故意侵权"和"情节严重"两个要件，如侵权行为持续时间长、规模大、涉及产品种类和数量多或者销售金额巨大的，或者构成重复侵权的，一般可以认为是"情节严重"。此外，惩罚性赔偿的计算基础为实际损失、违法所得或权利使用费，权利人在主张惩罚性赔偿时，需要举证赔偿计算基础。三是进一步完善了法定赔偿制度，将法定赔偿额的上限从50万元提高到500万元，并增设了法定赔偿的下限500元。四是适当减轻了权利人的举证责任。此次修法增加了"人民法院为确定赔偿数额,在权利人已经尽了必要举证责任,而与侵权行为相关的账簿、资料等主要由侵权人掌握的,可以责令侵权人提供与侵权行为相关的账簿、资料等;侵权人不提供,或者提供虚假的账簿、资料等的,人民法院可以参考权利人的主张和提供的证据确定赔偿数额"。这与修改后的《商标法》和《专利法》保持了一致,基于权利人举证困难的实际设立举证妨碍制度,即在一定前提下,法院可以责令侵权人提供侵权信息,如果侵权人拒不提供,法院可以参考权利人的主张和提供的证据确定赔偿数额。五是增加了对侵权制品的销毁处置机制,即"人民法院审理著作权纠纷案件,应权利人请求,对侵权复制品,除特殊情况外,责令销毁;对主要用于制造侵权复制品的材料、工具、设备等,责令销毁,且不予补偿;或者在特殊情况下,责令禁止前述材料、工具、设备等进入商业渠道,且不予补偿"。

关联法规

《计算机软件保护条例》第25条,《最高人民法院关于审理著作权民事纠纷案件适用法律若干问题的解释》第20、25~27条,《最高人民法院关于适用〈中华人民共和国刑事诉讼法〉的解释》第112条

第五十五条 【主管部门行使职权】 主管著作权的部门对涉嫌侵犯著作权和与著作权有关的权利的行为进行查处时,可以询问有关当事人,调查与涉嫌违法行为有关的情况;对当事人涉嫌违法行为的场所和物品实施现场检查;查阅、复制与涉嫌违法行为有关的合同、发票、账簿以及其他有关资料;对于涉嫌违法行为的场所和物品,可以查封或者扣押。

主管著作权的部门依法行使前款规定的职权时,当事人应当予以协助、配合,不得拒绝、阻挠。

条文注释

本条是关于著作权主管部门在行政处罚过程中行使职权的规定。

我国著作权保护制度实行行政保护和司法保护双轨制,行政保护在有效快速制止大规模侵权方面发挥了独特优势。2010年《著作权法》没有规定任何行政强制手段,2020年修法借鉴了其他知识产权法律的规定(《商标法》第62条、《专利法》第69条),明确了著作权主管部门在查处侵权盗版行为时的执法手段,即"可以询问有关当事人,调查与涉嫌违法行为有关的情况;对当事人涉嫌违法行为的场所和物品实施现场检查;查阅、复制与涉嫌违法行为有关的合同、发票、账簿以及其他有关资料;对于涉嫌违法行为的场所和物品,可以查封或者扣押"。

著作权主管部门应当按照《行政强制法》的规定,在制作并交付查封、扣押决定书后对涉案的场所、物品采取具体的查封、扣押措施,并严格依照查封、扣押决定书上载明的事项进行,向当事人当场交付查封、扣押清单,列明被查封、扣押的场所,以及物品的名称、规格、数量、特征等事项。著作权主管部门再实施查封、扣押措施时,不得查封、扣押与违法行为无关的场所、物品,不得查封、扣押自然人个人及其所扶养家属的生活必需品,不得重复查封已被其他国家机关依法查封的当事人的场所、物品。著作权主管部门采取查封、扣押措施后,应当及时查清事实,根据不同情况在法定期限内作出处理决定:对违法事实清楚、应当依法没收的非法财物予以没收,并依法进行无害化销毁;对应当解除查封、扣押的,作出解除查封、扣押的决定。

关联法规

《商标法》第62条,《专利法》第69条

第五十六条　【诉前财产保全措施和禁止令】著作权人或者与著作权有关的权利人有证据证明他人正在实施或者即将实施侵犯其权利、妨碍其实现权利的行为，如不及时制止将会使其合法权益受到难以弥补的损害的，可以在起诉前依法向人民法院申请采取财产保全、责令作出一定行为或者禁止作出一定行为等措施。

条文注释

2020年修法，第一，在申请诉前保全情形中增加了"妨碍其实现权利"；第二，参照《民事诉讼法》的相关表述，将保全措施从"责令停止有关行为和财产保全的措施"修改为"财产保全、责令作出一定行为或者禁止作出一定行为等措施"；第三，为保持法条表述简洁，删去了原来条文中的第2款，即"人民法院处理前款申请，适用《中华人民共和国民事诉讼法》第九十三条至第九十六条和第九十九条的规定"。

所谓诉前禁止令，是指在诉讼前，人民法院对于因情况紧急，不立即停止有关人的行为将会使损害继续扩大，而依法发出责令停止有关行为的命令。所谓诉前财产保全，是指在诉讼前，人民法院对于因情况紧急不立即限制财产转移，将会使利害关系人的合法权益受到难以弥补的损失，而采取的财产保全措施。这里的"情况紧急"是指紧急到申请人来不及提起诉讼，必须立即采取措施。"受到难以弥补的损害"是指被申请人正要或者正在实施的侵权行为将造成很大损害，或者财产将被转移、灭失，以致损害难以弥补，财产权利难以实现。

申请采取诉前禁止令和诉前财产保全应当符合下列条件：(1)有证据证明行为人正在实施或者即将实施侵犯其权利的行为。在诉讼前，对行为人采取责令其停止有关行为或者采取财产保全措施，涉及行为人名誉上的损害和财产上的损失问题，需得慎重行事，要有可靠性。这就要求著作权人或者与著作权有关的权利人提供证据证明行为人正在或者将要实施某些侵权行为,且该侵权行为或者将要实施的侵权行为与其著作权或者与著作权有关的权利的损害有因果上的关系。(2)因情况紧急,如不立即采取措施将会使申请人的著作权或者与著作权有关的权益受到难以弥补的损害。"情况紧急"是指紧急到申请人来不及提起诉讼,必须立即采取措施。"受到难以弥补的损害"是指被申请人正要或者正在实施的侵权行为将造成损害很大,或者财产将被转移、灭失,以致损害难以弥补,财产权利难以实现。(3)必须由著作权人或者与著作权有关的权利人的申请。(4)申请人必须提供担保。以上四个条件必须同时具备,才能采取诉前禁止令或者诉前财产保全。

关联法规

《民事诉讼法》第101～105、108条,《计算机软件保护条例》第26条,《最高人民法院关于审理侵害信息网络传播权民事纠纷案件适用法律若干问题的规定》

第五十七条 【诉前证据保全】为制止侵权行为,在证据可能灭失或者以后难以取得的情况下,著作权人或者与著作权有关的权利人可以在起诉前依法向人民法院申请保全证据。

条文注释

2020年修法,在权利人"向人民法院申请保全证据"前增加了"依法"一词,并删去了原来条文中第2、3、4款的内容。

证据保全是指在证据有可能灭失或者以后难以取得的情况下,人民法院根据诉讼参加人的请求或依职权采取措施,对证据加以固定和保全的制度。

申请证据保全要符合以下实质要件:第一,只有权利人才能提出申请,即著作权人或与著作权有关的权利人,才能向法院提出此类申请;第二,证据有灭失或以后难以取得的可能性;第三,只能为制止侵权行为而申请证据保全。

申请证据保全要符合以下形式要件:第一,权利人应当在诉讼前提出书面申请,说明申请证据保全的理由和所需要保全的证据的种类、名称、特征、地点等。第二,人民法院可以责令申请人提供担保,申请人不提供担保的,驳回申请。提供担保的主要方法是由申请人交纳诉讼保证金,或提供与之相当的担保,以防止申请人滥用权利。第三,人民法院接受申请后,必须在48小时内裁定;裁定采取保全措施的,应当立即开始执行。第四,对证据保全的方法。对证人证言的保全,法院可以制作证人证言笔录或录音;对物证或现场的保全,法院可以进行勘验,制作勘验笔录或进行绘画、拍照、摄像等;对有可能被毁灭的书证、物证、视听资料等,法院可以采取查封、扣押等措施。第五,申请人在人民法院采取保全措施后15日内不起诉的,人民法院应当解除保全措施。

关联法规

《民事诉讼法》第81条,《计算机软件保护条例》第27条,《最高人民法院关于审理侵害信息网络传播权民事纠纷案件适用法律若干问题的规定》,《最高人民法院关于审理著作权民事纠纷案件适用法律若干问题的解释》第30条,《与贸易有关的知识产权协定》第50条第2项

第五十八条 【法院对侵权行为的民事制裁】人民法院审理案件,对于侵犯著作权或者与著作权有关的权利的,可以没收违法所得、侵权复制品以及进行违法活动的财物。

条文注释

本条是关于人民法院在审理民事案件时对民事违法行为可以给予民事制裁的规定。

《宪法》赋予人民法院行使国家的审判权。人民法院审理民事案件,在查清事实的基础上,适用有关法律规定,判决违约者、

侵权者承担相应的民事法律责任。人民法院在审理民事案件时,不仅可以判决违反民事法律义务的人承担相应的民事责任,而且还可以对损害公共利益的民事违法行为给予民事制裁。

没收违法所得,是指人民法院在审理著作权侵权案件时,发现侵权人有违法所得,人民法院可以裁定没收其违法所得,将没收的违法所得上缴国库。

没收侵权复制品以及其他违法活动的财物,目的是防止侵权人继续从事侵权行为,根除其从事侵权活动的能力。没收侵权复制品后,应当予以销毁;对没收的用于制作侵权复制品的材料、工具、设备等,要予以拍卖,将拍卖收入上缴国库。

本条规定是人民法院"可以"采取上述民事制裁措施,人民法院也可以不主动采取。人民法院在审理著作权侵权案件时,如果发现侵权人还有违法所得没有收缴,以及还有侵权复制品和其他违法财物没有销毁或者没收,可以向著作权行政管理部门提出司法建议,由著作权行政管理部门追究侵权者的行政责任。人民法院认为侵权行为已构成犯罪的,可以建议公安机关立案侦查。

关联法规

《民法典》第187条,《最高人民法院关于加强著作权和与著作权有关的权利保护的意见》第6条

第五十九条 【过错推定】复制品的出版者、制作者不能证明其出版、制作有合法授权的,复制品的发行者或者视听作品、计算机软件、录音录像制品的复制品的出租者不能证明其发行、出租的复制品有合法来源的,应当承担法律责任。

在诉讼程序中,被诉侵权人主张其不承担侵权责任的,应当提供证据证明已经取得权利人的许可,或者具有本法规定的不经权利人许可而可以使用的情形。

条文注释

本条是关于过错推定而承担法律责任的规定。2020年修法,根据《著作权法》第3条中对作品类型的有关规定,将"电影作品或者以类似摄制电影的方法创作的作品"改为"视听作品",并增加了第2款关于被诉侵权人举证责任的规定。

就侵犯著作权而言,其不像侵犯他人财产、人身行为那样容易界定侵权人主观上的过错。在侵犯著作权引起的纠纷中,让原告证明被告主观上有过错有一定难度,而被告证明自己"无过错"相对容易,所以在现实生活当中,侵权人往往以"无过错"为由逃避法律制裁。为了充分、有效保护著作权人的权益,2020年修改《著作权法》,参照《与贸易有关的知识产权协定》的规定,增加规定了过错推定的制度。《与贸易有关的知识产权协定》第45条第2项规定:"在适当场合即使侵权人不知、或无充分理由应知自己从事之活动系侵权,成员仍可以授权司法当局责令其返还所得利润或令其支付法定赔偿额,或二者并处。"

本条有三层意思:第一,复制品的出版者、制作者不能证明其出版、制作有合法授权的,就应当承担法律责任。第二,复制和发行往往为同一人,但有时也分开,即复制者为一人,而发行者为另一人。发行同样也要经过许可,如果复制品的发行者不能证明其发行的复制品有合法来源,即不能证明来自合法的复制者的,法律推定其主观上有过错,应当对权利人承担民事责任和其他相应的法律责任。第三,电影作品或者以类似摄制电影的方法创作的作品、计算机软件、录音录像制品的复制品的出租者不能证明其出租的复制品有合法来源的,也推定其有过错,需要承担法律责任。因为电影作品或者以类似摄制电影的方法创作的作品的出租权属于著作权人,而录音录像制品的出租权属于录音录像制作者。

在著作权侵权诉讼中,一般情况下,原告应举证证明其享有其所主张的作品的著作权、被告的行为构成侵权的证据;被告否认侵权的,对其主张所依据的事实承担举证责任。但为了进一步保护著作权人,2020年《著作权法》针对著作权侵权诉讼的一些具体情况对举证责任作了特别规定,即将举证责任倒置,增加了"在诉讼程序中,被诉侵权人主张其不承担侵权责任的,应当提供证据证明已经取得权利人的许可,或者具有《著作权法》规定的不经权利人许可而可以使用的情形"作为本条的第2款。

关联法规

《民法典》第1165条,《与贸易有关的知识产权协定》第45条第2项

关联案例

原创动力公司诉北京旺市百利商业有限公司飘亮购物中心等侵犯著作权纠纷案,(2011)朝民初字第32809号;

陈某诉北京德和晨通文化用品有限公司著作权纠纷案,(2011)东民初字第01244号

第六十条 【纠纷解决途径】著作权纠纷可以调解,也可以根据当事人达成的书面仲裁协议或者著作权合同中的仲裁条款,向仲裁机构申请仲裁。

当事人没有书面仲裁协议,也没有在著作权合同中订立仲裁条款的,可以直接向人民法院起诉。

条文注释

当事人遇有著作权合同纠纷或者著作权人的权利被侵害时,可以通过协商的方式解决其间的争议。但是如果双方对是非曲直认识不一,或者对损害赔偿等民事责任的承担难以协商一致,则需要通过以下三种途径解决他们之间的争议。

一是调解。调解是在第三人的主持下,协调双方当事人的利益,使双方当事人在自愿的基础上解决争议。当事人不愿调解,调解不成或者达成调解协议后一方反悔的,就需要寻求仲裁

或者诉讼的途径解决纠纷。

二是仲裁。当事人申请仲裁的前提是双方订有书面仲裁协议。仲裁协议有两种类型:(1)在著作权合同中订立的仲裁条款;(2)以其他方式单独订立的仲裁协议。仲裁协议应当包括三方面的内容:(1)请求仲裁的意思表达;(2)仲裁事项;(3)选定的仲裁委员会。仲裁实行协议仲裁、或裁或审和一裁终局的制度。

三是诉讼。诉讼是当事人通过人民法院的审判解决其著作权纠纷的一种方式。如果当事人之间发生了著作权合同纠纷或者著作权人的权利受到侵害,可以依照《民事诉讼法》的规定,向人民法院提起诉讼,以保护自己的合法权益。

第六十一条 【法律适用的衔接性规定】当事人因不履行合同义务或者履行合同义务不符合约定而承担民事责任,以及当事人行使诉讼权利、申请保全等,适用有关法律的规定。

条文注释

本条是关于承担违约责任、行使诉讼权利、申请保全法律适用的衔接性规定。

本条是在2010年《著作权法》第51条第2、3、4款,第54条和第56条有关内容的基础上合并而成。

关联法规

《民法典》第577、584、585条,《民事诉讼法》第84、104条

第六章 附 则

第六十二条 【版权】本法所称的著作权即版权。

条文注释

本条是关于著作权与版权的关系的规定。

第一,无论称著作权还是称版权,其规定的内容大体上是一致的。从世界各国的立法体例来看,称著作权法的国家,其保护的客体不仅包括文字作品,也包括其他作品,还包括邻接权的内容。称版权法的国家,保护的内容主要也不是出版者的权利,而是作者的权利,其保护的客体和称著作权法的国家基本一致。因此,称著作权法还是称版权法,从各国的历史条件出发,其细微处可能有点差别,但从实质看,两者的含义是一致的。第二,在国际法领域,"著作权"一词和"版权"一词是通用的,可以互换。第三,从我国的使用上看,"著作权"一词和"版权"一词也是通用的,其含义一致。对英文中的 Copyright,我国香港地区的作者一般译为版权,我国台湾地区的作者一般译为著作权,我国的作者有的译为版权,有的译为著作权。从撰写的论文和出版的图书来看,虽然有的冠以著作权法有的冠以版权法,但研究的问题是相同的。

既然著作权即版权,本法的名称可以叫《著作权法》,也可以叫《版权法》。第七届全国人民代表大会常务委员会第十五次会议通过的是《著作权法》,这是考虑到我国现行法律以及我国历史上法律文件中的习惯用法。例如,我国1986年制定的《民法通则》第94条规定,"公民、法人享有著作权(版权)"。当然,本法名称虽然是《著作权法》,绝不意味着与"《版权法》"有什么区别。

本条规定具有重要的理论意义,在法律文件中结束了有关著作权和版权异同的争论,而且,在对外经济合作和文化交流过程中,将起到避免争论、减少纠纷的积极作用,因此,也具有实践意义。

第六十三条　【出版】本法第二条所称的出版,指作品的复制、发行。

条文注释

所谓复制,是著作权人的一项重要的财产权利,它包括著作权人自己进行复制、许可他人复制或禁止他人复制。我国《著作权法》规定的复制是狭义的。《著作权法》第10条第1款第5项规定,复制权,即以印刷、复印、拓印、录音、录像、翻录、翻拍等方式将作品制作一份或者多份的权利。演绎作品不是复制的产物。从本条规定的内容来看,复制的方式多种多样,对不同的作品,复制的方式也有区别,比如对于文字作品,可以用印刷、复印、翻拍等方式;对于美术作品,可以采用拓印、印刷等方式。另外,复制者对复制品一般没有付出创造性劳动,并不在原作上增添内容或者删除内容以及其他实质性的改动,而只是运用各种技术手段再现原作品。大多数国家的版权法均把不增加创作内容的作品"再现"称为复制,而不把改编、翻译、汇编等演绎作品的活动归为复制。因此,演绎作品不是复制的产物。从《著作权法》第10条的规定看,复制是与摄制、改编、翻译、汇编等权利并列的一项独立的权利。

所谓发行,是指通过适当的渠道,如出售、出租,向公众提供一定数量的作品复制件。《著作权法》第10条第1款第6项规定,发行权,即以出售或者赠予方式向公众提供作品的原件或者复制件的权利。需要注意的是,发行权与复制权密切相关,虽然发行权与复制权是两项独立的权利,但是两种权利常常是结合在一起行使,例如,作者许可他人出版其作品,实际上是将复制权和发行权一并授予了出版社。

所谓出版,是指以印刷、录制等方法将文字、讲话、图画、乐谱、照片、地图等作品予以复制、发行。严格地讲,出版不过是复制的一种方式。出版应具备两个条件:(1)出版作品必须经过作者的同意;(2)复制件必须达到一定的数量,能"满足公众的合理需要"。如果为了课堂教学或者科学研究,将一篇论文复印几份,供教学或者科研人员使用,就不能算作出版,而是属于《著作权法》第22条规定的"合理使用"的范畴,因为这种复制并未达到"满足公众的合理需要"的程度。另外,在实际生活中,只复制而不发行会使出版失去意义,作者以及有关的权利人一般也都是将作品的复制权和发行权一起转让,因此,出版权自然包含了发行的内容。

关联法规

《与贸易有关的知识产权协定》《世界知识产权组织表演和录音制品条约》《世界版权公约》《伯尔尼公约》

第六十四条 【计算机软件、信息网络传播权】计算机软件、信息网络传播权的保护办法由国务院另行规定。

条文注释

本条是关于授权国务院制定计算机软件、信息网络传播权保护办法的规定。

计算机软件是指计算机运行所需的各种程序及其相关资料(包括各种使用手册、维护手册及程序说明书等文档)的总称。软件是运行在计算机硬件系统之上的,起着充分发挥和扩充计算机硬件系统功能的作用,是计算机不可缺少的组成部分。在著作权的保护期问题上,计算机软件的保护期比一般作品的保护期要短一些。1978年,世界知识产权组织公布的《计算机软件保护示范条款》规定,计算机软件的保护期自创作之日起不得超过25年。网络环境下的著作权保护问题更是一个新课题,国际上还处于探索阶段。对信息网络传播权是否要有限制,对哪些方面给予限制以及限制到什么程度,这些问题都比较复杂,还需要进一步研究。因此,计算机软件、信息网络传播权的保护办法,依照本条,由国务院另行制定。

所谓信息网络传播权,即以有线或者无线方式向公众提供作品,使公众可以在其个人选定的时间和地点获得作品的权利。关于信息网络传播权,《伯尔尼公约》和《世界版权公约》均未作出规定。为解决网上传输问题,世界知识产权组织在1996年通过的《世界知识产权组织版权条约》中确立了"向公众传输权"

的概念,即将作品放到网上传输,是对作品的一种向公众的传播,可以通过这种传输权来控制。它解决了网上传输作品的著作权保护问题,但具体实施还要靠各国立法的确认。同时,在《世界知识产权组织表演和录音制品条约》中也确定了录音制作者和录音制品中的表演者提供录音制品和已在录音制品中录制的表演在网上使用的权利。我国已签署加入这两个条约,但因未达到条约规定的参加国数目,条约尚未生效。

关联法规

《计算机软件保护条例》《最高人民法院关于审理侵害信息网络传播权民事纠纷案件适用法律若干问题的规定》

关联案例

辽宁骄阳信息技术发展有限公司与北京盛世骄阳文化传播有限公司侵犯信息网络传播权纠纷案,(2012)沈中民四初字第441号、(2013)辽民三终字第178号;

中国电信股份有限公司深圳分公司等与乐视网信息技术(北京)股份有限公司侵害作品信息网络传播权纠纷上诉案,(2014)深中法知民终字第328号

第六十五条 【摄影作品的保护期溯及力】摄影作品,其发表权、本法第十条第一款第五项至第十七项规定的权利的保护期在2021年6月1日前已经届满,但依据本法第二十三条第一款的规定仍在保护期内的,不再保护。

条文注释

2020年修法,对2010年《著作权法》第21条的有关规定作出了修改,在2020年《著作权法》第23条第3款删除了关于摄影作品的规定,这就意味着摄影作品的保护期适用第23条第1款中一般作品的保护期限。新修改的条文于2021年6月1日起实施,这样,就产生了按照以前的《著作权法》规定的摄影作品的保护期在2021年6月1日前已经届满、但是依据新法第23条

第1款的规定仍在保护期内的情形。这一情形是新旧法律衔接中经常出现的溯及力问题。为了维护既有法律秩序的稳定,民商事法律原则上没有溯及力。因此,本条规定,按照原法规定保护期已满、但是按照新法规定仍在保护期内的摄影作品的著作权,不再被保护。换言之,这次对摄影作品保护期限修改后的规定不溯及既往。

第六十六条　【著作权法溯及力】本法规定的著作权人和出版者、表演者、录音录像制作者、广播电台、电视台的权利,在本法施行之日尚未超过本法规定的保护期的,依照本法予以保护。

本法施行前发生的侵权或者违约行为,依照侵权或者违约行为发生时的有关规定处理。

条文注释

溯及力是指新颁布的法律对已经存在的事实和已经发生的事项是否有效,如果有效,称具有溯及力,如果无效,称没有溯及力。

本条第1款是对权利保护期是否具有溯及力的规定。依照该款规定,对权利保护期《著作权法》具有溯及力,即依照《著作权法》规定享有权利的人,在《著作权法》施行之日尚未超过《著作权法》规定的保护期的,依照《著作权法》予以保护。这里有两层意思。第一层意思指过去对某种权利的保护期没有规定,那么依照《著作权法》规定的权利保护期,在《著作权法》施行之日已经届满的,就不能得到《著作权法》保护,没有届满的,可以得到《著作权法》保护。比如,对口述作品的作者,过去没有规定其是否享有著作权,更谈不上权利的保护期。根据《著作权法》,口述作品属于《著作权法》保护的客体,作者的著作权中的发表权、使用权和获得报酬权的保护期为作者终生及其死亡后50年。第二层意思指过去对某种权利的保护期已有规定,那么,在

《著作权法》施行之日,即使已经超过过去规定的保护期,只要没有超过《著作权法》规定的保护期,仍然受到《著作权法》保护。

本条第2款是对《著作权法》施行前发生的侵权或者违约行为,在处理依据上是否具有溯及力的规定。依照该款规定,没有溯及力。处理《著作权法》施行前发生的侵权或者违约行为,应当依照侵权或违约行为发生时的有关规定,不能适用《著作权法》的规定。

关联案例

胡某庆、吴某初诉上海美术电影制片厂著作权权属纠纷案,(2011)沪二中民五(知)终字第62号

第六十七条　【施行时间】本法自 1991 年 6 月 1 日起施行。

条文注释

法律的施行时间即生效时间,是法律效力的起点。《著作权法》于 1990 年 9 月 7 日由第七届全国人民代表大会常务委员会第十五次会议通过时,确定了实施时间为 1991 年 6 月 1 日。

修改后的法律的生效日期与修改法律的形式密切相关。属于全面修订法律的,一般是重新公布法律的生效日期;属于对法律作部分修改的,一般不修改法律的生效日期,只是规定修改决定的实施日期,对于新法修改的部分执行修改决定的生效日期,未修改的部分执行原来法律规定的生效日期。2020 年修法,采取的是第二种办法,即对法律的部分条文通过修改决定的形式加以修改。据此,2020 年修改后的《著作权法》,内容未作改动的条文,生效时间根据修改的时间不同分别为 1991 年 6 月 1 日、2001 年 10 月 27 日、2010 年 4 月 1 日;经过修改的条文,包括新增加的条文,生效时间为 2021 年 6 月 1 日。

附录一　相关法规

中华人民共和国著作权法实施条例

（2002年8月2日国务院令第359号公布　根据2011年1月8日国务院令第588号《关于废止和修改部分行政法规的决定》第一次修订　根据2013年1月30日国务院令第633号《关于修改〈中华人民共和国著作权法实施条例〉的决定》第二次修订）

第一条　根据《中华人民共和国著作权法》（以下简称著作权法），制定本条例。

第二条　著作权法所称作品，是指文学、艺术和科学领域内具有独创性并能以某种有形形式复制的智力成果。

第三条　著作权法所称创作，是指直接产生文学、艺术和科学作品的智力活动。

为他人创作进行组织工作、提供咨询意见、物质条件，或者进行其他辅助工作，均不视为创作。

第四条　著作权法和本条例中下列作品的含义：

（一）文字作品，是指小说、诗词、散文、论文等以文字形式表现的作品；

（二）口述作品，是指即兴的演说、授课、法庭辩论等以口头语言形式表现的作品；

（三）音乐作品，是指歌曲、交响乐等能够演唱或者演奏的带词或者不带词的作品；

（四）戏剧作品，是指话剧、歌剧、地方戏等供舞台演出的作品；

（五）曲艺作品，是指相声、快书、大鼓、评书等以说唱为主要形式表演的作品；

（六）舞蹈作品，是指通过连续的动作、姿势、表情等表现思想情感的作品；

（七）杂技艺术作品，是指杂技、魔术、马戏等通过形体动作和技巧表现的作品；

（八）美术作品，是指绘画、书法、雕塑等以线条、色彩或者其他方式构成的有审美意义的平面或者立体的造型艺术作品；

（九）建筑作品，是指以建筑物或者构筑物形式表现的有审美意义的作品；

（十）摄影作品，是指借助器械在感光材料或者其他介质上记录客观物体形象的艺术作品；

（十一）电影作品和以类似摄制电影的方法创作的作品，是指摄制在一定介质上，由一系列有伴音或者无伴音的画面组成，并且借助适当装置放映或者以其他方式传播的作品；

（十二）图形作品，是指为施工、生产绘制的工程设计图、产品设计图，以及反映地理现象、说明事物原理或者结构的地图、示意图等作品；

（十三）模型作品，是指为展示、试验或者观测等用途，根据物体的形状和结构，按照一定比例制成的立体作品。

第五条 著作权法和本条例中下列用语的含义：

（一）时事新闻，是指通过报纸、期刊、广播电台、电视台等媒体报道的单纯事实消息；

（二）录音制品，是指任何对表演的声音和其他声音的录制品；

（三）录像制品，是指电影作品和以类似摄制电影的方法创作的作品以外的任何有伴音或者无伴音的连续相关形象、图像的录制品；

（四）录音制作者，是指录音制品的首次制作人；

（五）录像制作者，是指录像制品的首次制作人；

（六）表演者，是指演员、演出单位或者其他表演文学、艺术作品的人。

第六条 著作权自作品创作完成之日起产生。

第七条 著作权法第二条第三款规定的首先在中国境内出版的外国人、无国籍人的作品，其著作权自首次出版之日起受保护。

第八条 外国人、无国籍人的作品在中国境外首先出版后，30日内在中国境内出版的，视为该作品同时在中国境内出版。

第九条 合作作品不可以分割使用的，其著作权由各合作作者共同享有，通过协商一致行使；不能协商一致，又无正当理由的，任何一方不得阻止他方行使除转让以外的其他权利，但是所得收益应当合理分配给所有合作作者。

第十条 著作权人许可他人将其作品摄制成电影作品和以类似摄制电影的方法创作的作品的，视为已同意对其作品进行必要的改动，但是这种改动不得歪曲篡改原作品。

第十一条 著作权法第十六条第一款关于职务作品的规定中的"工作任务"，是指公民在该法人或者该组织中应当履行的职责。

著作权法第十六条第二款关于职务作品的规定中的"物质技术条件"，是指该法人或者该组织为公民完成创作专门提供的资金、设备或者资料。

第十二条 职务作品完成两年内，经单位同意，作者许可第三人以与单位使用的相同方式使用作品所获报酬，由作者与单位按约定的比例分配。

作品完成两年的期限，自作者向单位交付作品之日起计算。

第十三条 作者身份不明的作品，由作品原件的所有人行使除署名权以外的著作权。作者身份确定后，由作者或者其继承人行使著作权。

第十四条 合作作者之一死亡后，其对合作作品享有的著作权法第十条第一款第五项至第十七项规定的权利无人继承又无人受遗赠的，由其他合作作者享有。

第十五条 作者死亡后,其著作权中的署名权、修改权和保护作品完整权由作者的继承人或者受遗赠人保护。

著作权无人继承又无人受遗赠的,其署名权、修改权和保护作品完整权由著作权行政管理部门保护。

第十六条 国家享有著作权的作品的使用,由国务院著作权行政管理部门管理。

第十七条 作者生前未发表的作品,如果作者未明确表示不发表,作者死亡后50年内,其发表权可由继承人或者受遗赠人行使;没有继承人又无人受遗赠的,由作品原件的所有人行使。

第十八条 作者身份不明的作品,其著作权法第十条第一款第五项至第十七项规定的权利的保护期截止于作品首次发表后第50年的12月31日。作者身份确定后,适用著作权法第二十一条的规定。

第十九条 使用他人作品的,应当指明作者姓名、作品名称;但是,当事人另有约定或者由于作品使用方式的特性无法指明的除外。

第二十条 著作权法所称已经发表的作品,是指著作权人自行或者许可他人公之于众的作品。

第二十一条 依照著作权法有关规定,使用可以不经著作权人许可的已经发表的作品的,不得影响该作品的正常使用,也不得不合理地损害著作权人的合法利益。

第二十二条 依照著作权法第二十三条、第三十三条第二款、第四十条第三款的规定使用作品的付酬标准,由国务院著作权行政管理部门会同国务院价格主管部门制定、公布。

第二十三条 使用他人作品应当同著作权人订立许可使用合同,许可使用的权利是专有使用权的,应当采取书面形式,但是报社、期刊社刊登作品除外。

第二十四条 著作权法第二十四条规定的专有使用权的内容由合同约定,合同没有约定或者约定不明的,视为被许可人有权排除包括著作权人在内的任何人以同样的方式使用作品;除合同另有约定外,被许可人许可第三人行使同一权利,必须取得著作权人的许可。

第二十五条 与著作权人订立专有许可使用合同、转让合同的,可以向著作权行政管理部门备案。

第二十六条 著作权法和本条例所称与著作权有关的权益,是指出版者对其出版的图书和期刊的版式设计享有的权利,表演者对其表演享有的权利,录音录像制作者对其制作的录音录像制品享有的权利,广播电台、电视台对其播放的广播、电视节目享有的权利。

第二十七条 出版者、表演者、录音录像制作者、广播电台、电视台行使权利,不得损害被使用作品和原作品著作权人的权利。

第二十八条 图书出版合同中约定图书出版者享有专有出版权但没有明确其具体内容的,视为图书出版者享有在合同有效期限内和在合同约定的地域范围内以同种文字的原版、修订版出版图书的专有权利。

第二十九条 著作权人寄给图书出版者的两份订单在6个月内未能得到履行,视为著作权法第三十二条所称图书脱销。

第三十条 著作权人依照著作权法第三十三条第二款声明不得转载、摘编其作品的,应当在报纸、期刊刊登该作品时附带声明。

第三十一条 著作权人依照著作权法第四十条第三款声明不得对其作品制作录音制品的,应当在该作品合法录制为录音制品时声明。

第三十二条 依照著作权法第二十三条、第三十三条第二款、第四十条第三款的规定,使用他人作品的,应当自使用该作品之日起2个月内向著作权人支付报酬。

第三十三条 外国人、无国籍人在中国境内的表演,受著作权法保护。

外国人、无国籍人根据中国参加的国际条约对其表演享有的权利,受著作权法保护。

第三十四条 外国人、无国籍人在中国境内制作、发行的录音制品,受著作权法保护。

外国人、无国籍人根据中国参加的国际条约对其制作、发行的录音制品享有的权利,受著作权法保护。

第三十五条 外国的广播电台、电视台根据中国参加的国际条约对其播放的广播、电视节目享有的权利,受著作权法保护。

第三十六条 有著作权法第四十八条所列侵权行为,同时损害社会公共利益,非法经营额 5 万元以上的,著作权行政管理部门可处非法经营额 1 倍以上 5 倍以下的罚款;没有非法经营额或者非法经营额 5 万元以下的,著作权行政管理部门根据情节轻重,可处 25 万元以下的罚款。

第三十七条 有著作权法第四十八条所列侵权行为,同时损害社会公共利益的,由地方人民政府著作权行政管理部门负责查处。

国务院著作权行政管理部门可以查处在全国有重大影响的侵权行为。

第三十八条 本条例自 2002 年 9 月 15 日起施行。1991 年 5 月 24 日国务院批准、1991 年 5 月 30 日国家版权局发布的《中华人民共和国著作权法实施条例》同时废止。

实施国际著作权条约的规定

(1992 年 9 月 25 日国务院令第 105 号公布 根据 2020 年 11 月 29 日国务院令第 732 号《关于修改和废止部分行政法规的决定》修订)

第一条 为实施国际著作权条约,保护外国作品著作权人的合法权益,制定本规定。

第二条 对外国作品的保护,适用《中华人民共和国著作权法》(以下称著作权法)、《中华人民共和国著作权法实施条例》、《计算机软件保护条例》和本规定。

第三条 本规定所称国际著作权条约,是指中华人民共和国(以下称中国)参加的《伯尔尼保护文学和艺术作品公约》(以下称伯尔尼公约)和与外国签订的有关著作权的双边协定。

第四条 本规定所称外国作品,包括:

(一)作者或者作者之一,其他著作权人或者著作权人之一是国际著作权条约成员国的国民或者在该条约的成员国有经常居所的居民的作品;

(二)作者不是国际著作权条约成员国的国民或者在该条约的成员国有经常居所的居民,但是在该条约的成员国首次或者同时发表的作品;

(三)外商投资企业按照合同约定是著作权人或者著作权人之一的,其委托他人创作的作品。

第五条 对未发表的外国作品的保护期,适用著作权法第二十条、第二十一条的规定。

第六条 对外国实用艺术作品的保护期,为自该作品完成起二十五年。

美术作品(包括动画形象设计)用于工业制品的,不适用前款规定。

第七条 外国计算机程序作为文学作品保护,可以不履行登记手续,保护期为自该程序首次发表之年年底起五十年。

第八条 外国作品是由不受保护的材料编辑而成,但是在材料的选取或者编排上有独创性的,依照著作权法第十四条的规定予以保护。此种保护不排斥他人利用同样的材料进行编辑。

第九条 外国录像制品根据国际著作权条约构成电影作品的,作为电影作品保护。

第十条 将外国人已经发表的以汉族文字创作的作品,翻译成少数民族文字出版发行的,应当事先取得著作权人的授权。

第十一条 外国作品著作权人,可以授权他人以任何方式、手段公开表演其作品或者公开传播对其作品的表演。

第十二条 外国电影、电视和录像作品的著作权人可以授权他人公开表演其作品。

第十三条 报刊转载外国作品,应当事先取得著作权人的授权;但是,转载有关政治、经济等社会问题的时事文章除外。

第十四条 外国作品的著作权人在授权他人发行其作品的复制品后,可以授权或者禁止出租其作品的复制品。

第十五条 外国作品的著作权人有权禁止进口其作品的下列复制品:

(一)侵权复制品;

(二)来自对其作品不予保护的国家的复制品。

第十六条 表演、录音或者广播外国作品,适用伯尔尼公约的规定;有集体管理组织的,应当事先取得该组织的授权。

第十七条 国际著作权条约在中国生效之日尚未在起源国进入公有领域的外国作品,按照著作权法和本规定规定的保护期受保护,到期满为止。

前款规定不适用于国际著作权条约在中国生效之日前发生的对外国作品的使用。

中国公民或者法人在国际著作权条约在中国生效之日前为特定目的而拥有和使用外国作品的特定复制本的,可以继续使用该作品的复制本而不承担责任;但是,该复制本不得以任何不合理地损害该作品著作权人合法权益的方式复制和使用。

前三款规定依照中国同有关国家签订的有关著作权的双边协定的规定实施。

第十八条 本规定第五条、第十二条、第十四条、第十五条、第十七条适用于录音制品。

第十九条　本规定施行前,有关著作权的行政法规与本规定有不同规定的,适用本规定。本规定与国际著作权条约有不同规定的,适用国际著作权条约。

第二十条　国家版权局负责国际著作权条约在中国的实施。

第二十一条　本规定由国家版权局负责解释。

第二十二条　本规定自1992年9月30日起施行。

著作权集体管理条例

（2004年12月28日国务院令第429号公布　根据2011年1月8日国务院令第588号《关于废止和修改部分行政法规的决定》第一次修订　根据2013年12月7日国务院令第645号《关于修改部分行政法规的决定》第二次修订）

第一章　总　则

第一条　为了规范著作权集体管理活动,便于著作权人和与著作权有关的权利人（以下简称权利人）行使权利和使用者使用作品,根据《中华人民共和国著作权法》（以下简称著作权法）制定本条例。

第二条　本条例所称著作权集体管理,是指著作权集体管理组织经权利人授权,集中行使权利人的有关权利并以自己的名义进行的下列活动:

（一）与使用者订立著作权或者与著作权有关的权利许可使用合

同(以下简称许可使用合同);

(二)向使用者收取使用费;

(三)向权利人转付使用费;

(四)进行涉及著作权或者与著作权有关的权利的诉讼、仲裁等。

第三条 本条例所称著作权集体管理组织,是指为权利人的利益依法设立,根据权利人授权、对权利人的著作权或者与著作权有关的权利进行集体管理的社会团体。

著作权集体管理组织应当依照有关社会团体登记管理的行政法规和本条例的规定进行登记并开展活动。

第四条 著作权法规定的表演权、放映权、广播权、出租权、信息网络传播权、复制权等权利人自己难以有效行使的权利,可以由著作权集体管理组织进行集体管理。

第五条 国务院著作权管理部门主管全国的著作权集体管理工作。

第六条 除依照本条例规定设立的著作权集体管理组织外,任何组织和个人不得从事著作权集体管理活动。

第二章 著作权集体管理组织的设立

第七条 依法享有著作权或者与著作权有关的权利的中国公民、法人或者其他组织,可以发起设立著作权集体管理组织。

设立著作权集体管理组织,应当具备下列条件:

(一)发起设立著作权集体管理组织的权利人不少于50人;

(二)不与已经依法登记的著作权集体管理组织的业务范围交叉、重合;

(三)能在全国范围代表相关权利人的利益;

(四)有著作权集体管理组织的章程草案、使用费收取标准草案和向权利人转付使用费的办法(以下简称使用费转付办法)草案。

第八条 著作权集体管理组织章程应当载明下列事项:

（一）名称、住所；

（二）设立宗旨；

（三）业务范围；

（四）组织机构及其职权；

（五）会员大会的最低人数；

（六）理事会的职责及理事会负责人的条件和产生、罢免的程序；

（七）管理费提取、使用办法；

（八）会员加入、退出著作权集体管理组织的条件、程序；

（九）章程的修改程序；

（十）著作权集体管理组织终止的条件、程序和终止后资产的处理。

第九条 申请设立著作权集体管理组织，应当向国务院著作权管理部门提交证明符合本条例第七条规定的条件的材料。国务院著作权管理部门应当自收到材料之日起60日内，作出批准或者不予批准的决定。批准的，发给著作权集体管理许可证；不予批准的，应当说明理由。

第十条 申请人应当自国务院著作权管理部门发给著作权集体管理许可证之日起30日内，依照有关社会团体登记管理的行政法规到国务院民政部门办理登记手续。

第十一条 依法登记的著作权集体管理组织，应当自国务院民政部门发给登记证书之日起30日内，将其登记证书副本报国务院著作权管理部门备案；国务院著作权管理部门应当将报备的登记证书副本以及著作权集体管理组织章程、使用费收取标准、使用费转付办法予以公告。

第十二条 著作权集体管理组织设立分支机构，应当经国务院著作权管理部门批准，并依照有关社会团体登记管理的行政法规到国务院民政部门办理登记手续。经依法登记的，应当将分支机构的登记证书副本报国务院著作权管理部门备案，由国务院著作权管理部门予以公告。

第十三条 著作权集体管理组织应当根据下列因素制定使用费收取标准：

（一）使用作品、录音录像制品等的时间、方式和地域范围；

（二）权利的种类；

（三）订立许可使用合同和收取使用费工作的繁简程度。

第十四条 著作权集体管理组织应当根据权利人的作品或者录音录像制品等使用情况制定使用费转付办法。

第十五条 著作权集体管理组织修改章程，应当依法经国务院民政部门核准后，由国务院著作权管理部门予以公告。

第十六条 著作权集体管理组织被依法撤销登记的，自被撤销登记之日起不得再进行著作权集体管理业务活动。

第三章 著作权集体管理组织的机构

第十七条 著作权集体管理组织会员大会（以下简称会员大会）为著作权集体管理组织的权力机构。

会员大会由理事会依照本条例规定负责召集。理事会应当于会员大会召开60日以前将会议的时间、地点和拟审议事项予以公告；出席会员大会的会员，应当于会议召开30日以前报名。报名出席会员大会的会员少于章程规定的最低人数时，理事会应当将会员大会报名情况予以公告，会员可以于会议召开5日以前补充报名，并由全部报名出席会员大会的会员举行会员大会。

会员大会行使下列职权：

（一）制定和修改章程；

（二）制定和修改使用费收取标准；

（三）制定和修改使用费转付办法；

（四）选举和罢免理事；

（五）审议批准理事会的工作报告和财务报告；

（六）制定内部管理制度；

（七）决定使用费转付方案和著作权集体管理组织提取管理费的比例；

（八）决定其他重大事项。

会员大会每年召开一次；经10%以上会员或者理事会提议，可以召开临时会员大会。会员大会作出决定，应当经出席会议的会员过半数表决通过。

第十八条 著作权集体管理组织设立理事会，对会员大会负责，执行会员大会决定。理事会成员不得少于9人。

理事会任期为4年，任期届满应当进行换届选举。因特殊情况可以提前或者延期换届，但是换届延期不得超过1年。

第四章 著作权集体管理活动

第十九条 权利人可以与著作权集体管理组织以书面形式订立著作权集体管理合同，授权该组织对其依法享有的著作权或者与著作权有关的权利进行管理。权利人符合章程规定加入条件的，著作权集体管理组织应当与其订立著作权集体管理合同，不得拒绝。

权利人与著作权集体管理组织订立著作权集体管理合同并按照章程规定履行相应手续后，即成为该著作权集体管理组织的会员。

第二十条 权利人与著作权集体管理组织订立著作权集体管理合同后，不得在合同约定期限内自己行使或者许可他人行使合同约定的由著作权集体管理组织行使的权利。

第二十一条 权利人可以依照章程规定的程序，退出著作权集体管理组织，终止著作权集体管理合同。但是，著作权集体管理组织已经与他人订立许可使用合同的，该合同在期限届满前继续有效；该合同有效期内，权利人有权获得相应的使用费并可以查阅有关业务材料。

第二十二条 外国人、无国籍人可以通过与中国的著作权集体管理组织订立相互代表协议的境外同类组织，授权中国的著作权集体管理组织管理其依法在中国境内享有的著作权或者与著作权有关的权利。

前款所称相互代表协议,是指中国的著作权集体管理组织与境外的同类组织相互授权对方在其所在国家或者地区进行集体管理活动的协议。

著作权集体管理组织与境外同类组织订立的相互代表协议应当报国务院著作权管理部门备案,由国务院著作权管理部门予以公告。

第二十三条 著作权集体管理组织许可他人使用其管理的作品、录音录像制品等,应当与使用者以书面形式订立许可使用合同。

著作权集体管理组织不得与使用者订立专有许可使用合同。

使用者以合理的条件要求与著作权集体管理组织订立许可使用合同,著作权集体管理组织不得拒绝。

许可使用合同的期限不得超过 2 年;合同期限届满可以续订。

第二十四条 著作权集体管理组织应当建立权利信息查询系统,供权利人和使用者查询。权利信息查询系统应当包括著作权集体管理组织管理的权利种类和作品、录音录像制品等的名称、权利人姓名或者名称、授权管理的期限。

权利人和使用者对著作权集体管理组织管理的权利的信息进行咨询时,该组织应当予以答复。

第二十五条 除著作权法第二十三条、第三十三条第二款、第四十条第三款、第四十三条第二款和第四十四条规定应当支付的使用费外,著作权集体管理组织应当根据国务院著作权管理部门公告的使用费收取标准,与使用者约定收取使用费的具体数额。

第二十六条 两个或者两个以上著作权集体管理组织就同一使用方式向同一使用者收取使用费,可以事先协商确定由其中一个著作权集体管理组织统一收取。统一收取的使用费在有关著作权集体管理组织之间经协商分配。

第二十七条 使用者向著作权集体管理组织支付使用费时,应当提供其使用的作品、录音录像制品等的名称、权利人姓名或者名称和使用的方式、数量、时间等有关使用情况;许可使用合同另有约定的除外。

使用者提供的有关使用情况涉及该使用者商业秘密的,著作权集体管理组织负有保密义务。

第二十八条 著作权集体管理组织可以从收取的使用费中提取一定比例作为管理费,用于维持其正常的业务活动。

著作权集体管理组织提取管理费的比例应当随着使用费收入的增加而逐步降低。

第二十九条 著作权集体管理组织收取的使用费,在提取管理费后,应当全部转付给权利人,不得挪作他用。

著作权集体管理组织转付使用费,应当编制使用费转付记录。使用费转付记录应当载明使用费总额、管理费数额、权利人姓名或者名称、作品或者录音录像制品等的名称、有关使用情况、向各权利人转付使用费的具体数额等事项,并应当保存10年以上。

第五章 对著作权集体管理组织的监督

第三十条 著作权集体管理组织应当依法建立财务、会计制度和资产管理制度,并按照国家有关规定设置会计账簿。

第三十一条 著作权集体管理组织的资产使用和财务管理受国务院著作权管理部门和民政部门的监督。

著作权集体管理组织应当在每个会计年度结束时制作财务会计报告,委托会计师事务所依法进行审计,并公布审计结果。

第三十二条 著作权集体管理组织应当对下列事项进行记录,供权利人和使用者查阅:

(一)作品许可使用情况;

(二)使用费收取和转付情况;

(三)管理费提取和使用情况。

权利人有权查阅、复制著作权集体管理组织的财务报告、工作报告和其他业务材料;著作权集体管理组织应当提供便利。

第三十三条 权利人认为著作权集体管理组织有下列情形之一的,可以向国务院著作权管理部门检举:

(一)权利人符合章程规定的加入条件要求加入著作权集体管理组织,或者会员依照章程规定的程序要求退出著作权集体管理组织,著作权集体管理组织拒绝的;

(二)著作权集体管理组织不按照规定收取、转付使用费,或者不按照规定提取、使用管理费的;

(三)权利人要求查阅本条例第三十二条规定的记录、业务材料,著作权集体管理组织拒绝提供的。

第三十四条 使用者认为著作权集体管理组织有下列情形之一的,可以向国务院著作权管理部门检举:

(一)著作权集体管理组织违反本条例第二十三条规定拒绝与使用者订立许可使用合同的;

(二)著作权集体管理组织未根据公告的使用费收取标准约定收取使用费的具体数额的;

(三)使用者要求查阅本条例第三十二条规定的记录,著作权集体管理组织拒绝提供的。

第三十五条 权利人和使用者以外的公民、法人或者其他组织认为著作权集体管理组织有违反本条例规定的行为的,可以向国务院著作权管理部门举报。

第三十六条 国务院著作权管理部门应当自接到检举、举报之日起60日内对检举、举报事项进行调查并依法处理。

第三十七条 国务院著作权管理部门可以采取下列方式对著作权集体管理组织进行监督,并应当对监督活动作出记录:

(一)检查著作权集体管理组织的业务活动是否符合本条例及其章程的规定;

(二)核查著作权集体管理组织的会计账簿、年度预算和决算报告及其他有关业务材料;

(三)派员列席著作权集体管理组织的会员大会、理事会等重要会议。

第三十八条 著作权集体管理组织应当依法接受国务院民政部门和其他有关部门的监督。

第六章 法 律 责 任

第三十九条 著作权集体管理组织有下列情形之一的,由国务院著作权管理部门责令限期改正:

(一)违反本条例第二十二条规定,未将与境外同类组织订立的相互代表协议报国务院著作权管理部门备案的;

(二)违反本条例第二十四条规定,未建立权利信息查询系统的;

(三)未根据公告的使用费收取标准约定收取使用费的具体数额的。

著作权集体管理组织超出业务范围管理权利人的权利的,由国务院著作权管理部门责令限期改正,其与使用者订立的许可使用合同无效;给权利人、使用者造成损害的,依法承担民事责任。

第四十条 著作权集体管理组织有下列情形之一的,由国务院著作权管理部门责令限期改正;逾期不改正的,责令会员大会或者理事会根据本条例规定的权限罢免或者解聘直接负责的主管人员:

(一)违反本条例第十九条规定拒绝与权利人订立著作权集体管理合同的,或者违反本条例第二十一条的规定拒绝会员退出该组织的要求的;

(二)违反本条例第二十三条规定,拒绝与使用者订立许可使用合同的;

(三)违反本条例第二十八条规定提取管理费的;

(四)违反本条例第二十九条规定转付使用费的;

(五)拒绝提供或者提供虚假的会计账簿、年度预算和决算报告或者其他有关业务材料的。

第四十一条　著作权集体管理组织自国务院民政部门发给登记证书之日起超过6个月无正当理由未开展著作权集体管理活动，或者连续中止著作权集体管理活动6个月以上的，由国务院著作权管理部门吊销其著作权集体管理许可证，并由国务院民政部门撤销登记。

第四十二条　著作权集体管理组织从事营利性经营活动的，由工商行政管理部门依法予以取缔，没收违法所得；构成犯罪的，依法追究刑事责任。

第四十三条　违反本条例第二十七条的规定，使用者能够提供有关使用情况而拒绝提供，或者在提供有关使用情况时弄虚作假的，由国务院著作权管理部门责令改正；著作权集体管理组织可以中止许可使用合同。

第四十四条　擅自设立著作权集体管理组织或者分支机构，或者擅自从事著作权集体管理活动的，由国务院著作权管理部门或者民政部门依照职责分工予以取缔，没收违法所得；构成犯罪的，依法追究刑事责任。

第四十五条　依照本条例规定从事著作权集体管理组织审批和监督工作的国家行政机关工作人员玩忽职守、滥用职权、徇私舞弊，构成犯罪的，依法追究刑事责任；尚不构成犯罪的，依法给予行政处分。

第七章　附　　则

第四十六条　本条例施行前已经设立的著作权集体管理组织，应当自本条例生效之日起3个月内，将其章程、使用费收取标准、使用费转付办法及其他有关材料报国务院著作权管理部门审核，并将其与境外同类组织订立的相互代表协议报国务院著作权管理部门备案。

第四十七条　依照著作权法第二十三条、第三十三条第二款、第四十条第三款的规定使用他人作品,未能依照《中华人民共和国著作权法实施条例》第三十二条的规定向权利人支付使用费的,应当将使用费连同邮资以及使用作品的有关情况送交管理相关权利的著作权集体管理组织,由该著作权集体管理组织将使用费转付给权利人。

负责转付使用费的著作权集体管理组织应当建立作品使用情况查询系统,供权利人、使用者查询。

负责转付使用费的著作权集体管理组织可以从其收到的使用费中提取管理费,管理费按照会员大会决定的该集体管理组织管理费的比例减半提取。除管理费外,该著作权集体管理组织不得从其收到的使用费中提取其他任何费用。

第四十八条　本条例自2005年3月1日起施行。

最高人民法院关于加强著作权和与著作权有关的权利保护的意见

(2020年11月16日　法发〔2020〕42号)

为切实加强文学、艺术和科学领域的著作权保护,充分发挥著作权审判对文化建设的规范、引导、促进和保障作用,激发全民族文化创新创造活力,推进社会主义精神文明建设,繁荣发展文化事业和文化产业,提升国家文化软实力和国际竞争力,服务经济社会高质量发展,根据《中华人民共和国著作权法》等法律规定,结合审判实际,现就进一步加强著作权和与著作权有关的权利保护,提出如下意见。

1. 依法加强创作者权益保护,统筹兼顾传播者和社会公众利益,坚持创新在我国现代化建设全局中的核心地位。依法处理好鼓励新兴产业发展与保障权利人合法权益的关系，协调好激励创作和保障人民文化权益之间的关系，发挥好权利受让人和被许可人在促进作品传播方面的重要作用，依法保护著作权和与著作权有关的权利，促进智力成果的创作和传播，发展繁荣社会主义文化和科学事业。

2. 大力提高案件审理质效，推进案件繁简分流试点工作，着力缩短涉及著作权和与著作权有关的权利的类型化案件审理周期。完善知识产权诉讼证据规则，允许当事人通过区块链等方式保存、固定和提交证据，有效解决知识产权权利人举证难问题。依法支持当事人的行为保全、证据保全、财产保全请求，综合运用多种民事责任方式，使权利人在民事案件中得到更加全面充分的救济。

3. 在作品、表演、录音制品上以通常方式署名的自然人、法人和非法人组织，应当推定为该作品、表演、录音制品的著作权人或者与著作权有关的权利的权利人，但有相反证据足以推翻的除外。对于署名的争议，应当结合作品、表演、录音制品的性质、类型、表现形式以及行业习惯、公众认知习惯等因素，作出综合判断。权利人完成初步举证的，人民法院应当推定当事人主张的著作权或者与著作权有关的权利成立，但是有相反证据足以推翻的除外。

4. 适用署名推定规则确定著作权或者与著作权有关的权利归属且被告未提交相反证据的，原告可以不再另行提交权利转让协议或其他书面证据。在诉讼程序中，被告主张其不承担侵权责任的，应当提供证据证明已经取得权利人的许可，或者具有著作权法规定的不经权利人许可而可以使用的情形。

5. 高度重视互联网、人工智能、大数据等技术发展新需求，依据著作权法准确界定作品类型，把握好作品的认定标准，依法妥善审理体育赛事直播、网络游戏直播、数据侵权等新类型案件，促进新兴业态规范发展。

6. 当事人请求立即销毁侵权复制品以及主要用于生产或者制造侵权复制品的材料和工具，除特殊情况外，人民法院在民事诉讼中应当予以支持,在刑事诉讼中应当依职权责令销毁。在特殊情况下不宜销毁的,人民法院可以责令侵权人在商业渠道之外以适当方式对上述材料和工具予以处置,以尽可能消除进一步侵权的风险。销毁或者处置费用由侵权人承担,侵权人请求补偿的,人民法院不予支持。

在刑事诉讼中,权利人以为后续可能提起的民事或者行政诉讼保全证据为由,请求对侵权复制品及材料和工具暂不销毁的,人民法院可以予以支持。权利人在后续民事或者行政案件中请求侵权人赔偿其垫付的保管费用的,人民法院可以予以支持。

7.权利人的实际损失、侵权人的违法所得、权利使用费难以计算的,应当综合考虑请求保护的权利类型、市场价值和侵权人主观过错、侵权行为性质和规模、损害后果严重程度等因素,依据著作权法及司法解释等相关规定合理确定赔偿数额。侵权人故意侵权且情节严重,权利人请求适用惩罚性赔偿的,人民法院应当依法审查确定。权利人能够举证证明的合理维权费用,包括诉讼费用和律师费用等,人民法院应当予以支持并在确定赔偿数额时单独计算。

8.侵权人曾经被生效的法院裁判、行政决定认定构成侵权或者曾经就相同侵权行为与权利人达成和解协议,仍然继续实施或者变相重复实施被诉侵权行为的,应当认定为具有侵权的故意,人民法院在确定侵权民事责任时应当充分考虑。

9.要通过诚信诉讼承诺书等形式,明确告知当事人不诚信诉讼可能承担的法律责任,促使当事人正当行使诉讼权利,积极履行诉讼义务,在合理期限内积极、诚实地举证,在诉讼过程中作真实、完整的陈述。

10.要完善失信惩戒与追责机制,对于提交伪造、变造证据,隐匿、毁灭证据,作虚假陈述、虚假证言、虚假鉴定、虚假署名等不诚信诉讼行为,人民法院可以依法采取训诫、罚款、拘留等强制措施。构成犯罪的,依法追究刑事责任。

最高人民法院关于审理著作权民事纠纷案件适用法律若干问题的解释

〔2002年10月12日最高人民法院审判委员会第1246次会议通过、2002年10月12日公布、自2002年10月15日起施行(法释〔2002〕31号) 根据2020年12月23日最高人民法院审判委员会第1823次会议通过、2020年12月29日公布、自2021年1月1日起施行的《最高人民法院关于修改〈最高人民法院关于审理侵犯专利权纠纷案件应用法律若干问题的解释(二)〉等十八件知识产权类司法解释的决定》(法释〔2020〕19号)修正〕

为了正确审理著作权民事纠纷案件,根据《中华人民共和国民法典》《中华人民共和国著作权法》《中华人民共和国民事诉讼法》等法律的规定,就适用法律若干问题解释如下:

第一条 人民法院受理以下著作权民事纠纷案件:

(一)著作权及与著作权有关权益权属、侵权、合同纠纷案件;

(二)申请诉前停止侵害著作权、与著作权有关权益行为,申请诉前财产保全、诉前证据保全案件;

(三)其他著作权、与著作权有关权益纠纷案件。

第二条 著作权民事纠纷案件,由中级以上人民法院管辖。

各高级人民法院根据本辖区的实际情况,可以报请最高人民法院批准,由若干基层人民法院管辖第一审著作权民事纠纷案件。

第三条 对著作权行政管理部门查处的侵害著作权行为,当事人向人民法院提起诉讼追究该行为人民事责任的,人民法院应当受理。

人民法院审理已经过著作权行政管理部门处理的侵害著作权行为的民事纠纷案件,应当对案件事实进行全面审查。

第四条 因侵害著作权行为提起的民事诉讼,由著作权法第四十七条、第四十八条所规定侵权行为的实施地、侵权复制品储藏地或者查封扣押地、被告住所地人民法院管辖。

前款规定的侵权复制品储藏地,是指大量或者经常性储存、隐匿侵权复制品所在地;查封扣押地,是指海关、版权等行政机关依法查封、扣押侵权复制品所在地。

第五条 对涉及不同侵权行为实施地的多个被告提起的共同诉讼,原告可以选择向其中一个被告的侵权行为实施地人民法院提起诉讼;仅对其中某一被告提起的诉讼,该被告侵权行为实施地的人民法院有管辖权。

第六条 依法成立的著作权集体管理组织,根据著作权人的书面授权,以自己的名义提起诉讼,人民法院应当受理。

第七条 当事人提供的涉及著作权的底稿、原件、合法出版物、著作权登记证书、认证机构出具的证明、取得权利的合同等,可以作为证据。

在作品或者制品上署名的自然人、法人或者非法人组织视为著作权、与著作权有关权益的权利人,但有相反证明的除外。

第八条 当事人自行或者委托他人以定购、现场交易等方式购买侵权复制品而取得的实物、发票等,可以作为证据。

公证人员在未向涉嫌侵权的一方当事人表明身份的情况下,如实对另一方当事人按照前款规定的方式取得的证据和取证过程出具的公证书,应当作为证据使用,但有相反证据的除外。

第九条 著作权法第十条第(一)项规定的"公之于众",是指著作权人自行或者经著作权人许可将作品向不特定的人公开,但不以公众知晓为构成条件。

第十条 著作权法第十五条第二款所指的作品,著作权人是自然人的,其保护期适用著作权法第二十一条第一款的规定;著作权人是法人或非法人组织的,其保护期适用著作权法第二十一条第二款的规定。

第十一条 因作品署名顺序发生的纠纷,人民法院按照下列原则处理:有约定的按约定确定署名顺序;没有约定的,可以按照创作作品付出的劳动、作品排列、作者姓氏笔画等确定署名顺序。

第十二条 按照著作权法第十七条规定委托作品著作权属于受托人的情形,委托人在约定的使用范围内享有使用作品的权利;双方没有约定使用作品范围的,委托人可以在委托创作的特定目的范围内免费使用该作品。

第十三条 除著作权法第十一条第三款规定的情形外,由他人执笔,本人审阅定稿并以本人名义发表的报告、讲话等作品,著作权归报告人或者讲话人享有。著作权人可以支付执笔人适当的报酬。

第十四条 当事人合意以特定人物经历为题材完成的自传体作品,当事人对著作权权属有约定的,依其约定;没有约定的,著作权归该特定人物享有,执笔人或整理人对作品完成付出劳动的,著作权人可以向其支付适当的报酬。

第十五条 由不同作者就同一题材创作的作品,作品的表达系独立完成并且有创作性的,应当认定作者各自享有独立著作权。

第十六条 通过大众传播媒介传播的单纯事实消息属于著作权法第五条第(二)项规定的时事新闻。传播报道他人采编的时事新闻,应当注明出处。

第十七条 著作权法第三十三条第二款规定的转载,是指报纸、期刊登载其他报刊已发表作品的行为。转载未注明被转载作品的作者和最初登载的报刊出处的,应当承担消除影响、赔礼道歉等民事责任。

第十八条 著作权法第二十二条第（十）项规定的室外公共场所的艺术作品，是指设置或者陈列在室外社会公众活动处所的雕塑、绘画、书法等艺术作品。

对前款规定艺术作品的临摹、绘画、摄影、录像人，可以对其成果以合理的方式和范围再行使用，不构成侵权。

第十九条 出版者、制作者应当对其出版、制作有合法授权承担举证责任，发行者、出租者应当对其发行或者出租的复制品有合法来源承担举证责任。举证不能的，依据著作权法第四十七条、第四十八条的相应规定承担法律责任。

第二十条 出版物侵害他人著作权的，出版者应当根据其过错、侵权程度及损害后果等承担赔偿损失的责任。

出版者对其出版行为的授权、稿件来源和署名、所编辑出版物的内容等未尽到合理注意义务的，依据著作权法第四十九条的规定，承担赔偿损失的责任。

出版者应对其已尽合理注意义务承担举证责任。

第二十一条 计算机软件用户未经许可或者超过许可范围商业使用计算机软件的，依据著作权法第四十八条第（一）项、《计算机软件保护条例》第二十四条第（一）项的规定承担民事责任。

第二十二条 著作权转让合同未采取书面形式的，人民法院依据民法典第四百九十条的规定审查合同是否成立。

第二十三条 出版者将著作权人交付出版的作品丢失、毁损致使出版合同不能履行的，著作权人有权依据民法典第一百八十六条、第二百三十八条、第一千一百八十四条等规定要求出版者承担相应的民事责任。

第二十四条 权利人的实际损失，可以根据权利人因侵权所造成复制品发行减少量或者侵权复制品销售量与权利人发行该复制品单位利润乘积计算。发行减少量难以确定的，按照侵权复制品市场销售量确定。

第二十五条 权利人的实际损失或者侵权人的违法所得无法确

定的,人民法院根据当事人的请求或者依职权适用著作权法第四十九条第二款的规定确定赔偿数额。

人民法院在确定赔偿数额时,应当考虑作品类型、合理使用费、侵权行为性质、后果等情节综合确定。

当事人按照本条第一款的规定就赔偿数额达成协议的,应当准许。

第二十六条 著作权法第四十九条第一款规定的制止侵权行为所支付的合理开支,包括权利人或者委托代理人对侵权行为进行调查、取证的合理费用。

人民法院根据当事人的诉讼请求和具体案情,可以将符合国家有关部门规定的律师费用计算在赔偿范围内。

第二十七条 侵害著作权的诉讼时效为三年,自著作权人知道或者应当知道权利受到损害以及义务人之日起计算。权利人超过三年起诉的,如果侵权行为在起诉时仍在持续,在该著作权保护期内,人民法院应当判决被告停止侵权行为;侵权损害赔偿数额应当自权利人向人民法院起诉之日起向前推算三年计算。

第二十八条 人民法院采取保全措施的,依据民事诉讼法及《最高人民法院关于审查知识产权纠纷行为保全案件适用法律若干问题的规定》的有关规定办理。

第二十九条 除本解释另行规定外,人民法院受理的著作权民事纠纷案件,涉及著作权法修改前发生的民事行为的,适用修改前著作权法的规定;涉及著作权法修改以后发生的民事行为的,适用修改后著作权法的规定;涉及著作权法修改前发生,持续到著作权法修改后的民事行为的,适用修改后著作权法的规定。

第三十条 以前的有关规定与本解释不一致的,以本解释为准。

附录二 指导性案例

最高人民法院涉著作权指导案例汇总

【指导案例 48 号】

北京精雕科技有限公司诉上海奈凯电子科技有限公司侵害计算机软件著作权纠纷案

（最高人民法院审判委员会讨论通过
2015 年 4 月 15 日发布）

【关键词】民事　侵害计算机软件著作权　捆绑销售　技术保护措施　权利滥用

【裁判要点】
　　计算机软件著作权人为实现软件与机器的捆绑销售，将软件运行的输出数据设定为特定文件格式，以限制其他竞争者的机器读取以该特定文件格式保存的数据，从而将其在软件上的竞争优势扩展到机器，不属于著作权法所规定的著作权人为保护其软件著作权而采取的技术措施。他人研发软件读取其设定的特定文件格式的，不构成侵害计算机软件著作权。

【相关法条】
　　《著作权法》第 48 条第 1 款第 6 项
　　《计算机软件保护条例》第 2 条、第 3 条第 1 款第 1 项、第 24 条第 1 款第 3 项

【指导案例 49 号】

石鸿林诉泰州华仁电子资讯有限公司侵害计算机软件著作权纠纷案

（最高人民法院审判委员会讨论通过
2015 年 4 月 15 日发布）

【关键词】民事　侵害计算机软件著作权　举证责任　侵权对比　缺陷性特征

【裁判要点】
　　在被告拒绝提供被控侵权软件的源程序或者目标程序，且由于技术上的限制，无法从被控侵权产品中直接读出目标程序的情形下，如果原、被告软件在设计缺陷方面基本相同，而被告又无正当理由拒绝提供其软件源程序或者目标程序以供直接比对，则考虑到原告的客观举证难度，可以判定原、被告计算机软件构成实质性相同，由被告承担侵权责任。

【相关法条】
《计算机软件保护条例》第 3 条第 1 款

【指导案例 80 号】

洪福远、邓春香诉贵州五福坊食品有限公司、贵州今彩民族文化研发有限公司著作权侵权纠纷案

（最高人民法院审判委员会讨论通过
2017 年 3 月 6 日发布）

【关键词】民事　著作权侵权　民间文学艺术衍生作品

【裁判要点】

民间文学艺术衍生作品的表达系独立完成且有创作性的部分,符合著作权法保护的作品特征的,应当认定作者对其独创性部分享有著作权。

【相关法条】

《中华人民共和国著作权法》第 3 条

《中华人民共和国著作权法实施条例》第 2 条

【指导案例 81 号】

张晓燕诉雷献和、赵琪、山东爱书人音像图书有限公司著作权侵权纠纷案

(最高人民法院审判委员会讨论通过
2017 年 3 月 6 日发布)

【关键词】民事 著作权侵权 影视作品 历史题材 实质相似

【裁判要点】

1. 根据同一历史题材创作的作品中的题材主线、整体线索脉络,是社会共同财富,属于思想范畴,不能为个别人垄断,任何人都有权对此类题材加以利用并创作作品。

2. 判断作品是否构成侵权,应当从被诉侵权作品作者是否接触过权利人作品、被诉侵权作品与权利人作品之间是否构成实质相似等方面进行。在判断是否构成实质相似时,应比较作者在作品表达中的取舍、选择、安排、设计等是否相同或相似,不应从思想、情感、创意、对象等方面进行比较。

3. 按照著作权法保护作品的规定,人民法院应保护作者具有独创性的表达,即思想或情感的表现形式。对创意、素材、公有领域信息、创作形式、必要场景,以及具有唯一性或有限性的表达形式,则不予保护。

【相关法条】

《著作权法》第 2 条

《著作权法实施条例》第 2 条

【指导案例 157 号】

左尚明舍家居用品(上海)有限公司诉北京中融恒盛木业有限公司、南京梦阳家具销售中心侵害著作权纠纷案

(最高人民法院审判委员会讨论通过
2021 年 7 月 23 日发布)

【关键词】民事　侵害著作权　实用艺术作品　实用性　艺术性

【裁判要点】

对于具有独创性、艺术性、实用性、可复制性,且艺术性与实用性能够分离的实用艺术品,可以认定为实用艺术作品,并作为美术作品受著作权法的保护。受著作权法保护的实用艺术作品必须具有艺术性,著作权法保护的是实用艺术作品的艺术性而非实用性。

【相关法条】

《著作权法实施条例》第 2 条、第 4 条

最高人民检察院涉著作权
指导案例汇总

【检例第 100 号】

陈力等八人侵犯著作权案

【关键词】网络侵犯视听作品著作权　未经著作权人许可　引导侦查　电子数据

【要旨】

办理网络侵犯视听作品著作权犯罪案件,应注意及时提取、固定和保全相关电子数据,并围绕客观性、合法性、关联性要求对电子数据进行全面审查。对涉及众多作品的案件,在认定"未经著作权人许可"时,应围绕涉案复制品是否系非法出版、复制发行且被告人能否提供获得著作权人许可的相关证明材料进行审查。

【检例第 192 号】

周某某与项某某、李某某著作权权属、
侵权纠纷等系列虚假诉讼监督案

【关键词】知识产权保护　著作权纠纷　著作权登记　虚假诉讼　数字检察　综合履职

【要旨】

冒充作者身份,以他人创作的作品骗取著作权登记,

并以此为主要证据提起诉讼谋取不正当利益,损害他人合法权益,妨害司法秩序的,构成虚假诉讼。检察机关应积极推进数字检察,以大数据赋能创新法律监督模式,破解虚假诉讼监督瓶颈。对于知识产权领域虚假诉讼案件,检察机关应依职权启动监督程序,通过监督民事生效裁判、移送刑事案件线索、提出社会治理意见建议等方式促进综合治理。

【检例第193号】

梁永平、王正航等十五人侵犯著作权案

【关键词】知识产权保护　侵犯著作权罪　信息网络传播　"避风港规则"适用　实质性相似　分层分类处理

【要旨】

办理网络侵犯著作权刑事案件,应当准确理解把握"避风港规则"适用条件,通过审查网络服务提供者是否明知侵权,认定其无罪辩解是否成立。涉案侵权视听作品数量较大的,可通过鉴定机构抽样鉴定的方式,结合权利人鉴别意见,综合认定作品是否构成实质性相似。对于涉案人员众多的网络知识产权案件,应根据涉案人员在案件中的地位、作用、参与程度以及主观恶性等因素,按照宽严相济刑事政策分层分类处理。

【检例第194号】

上海某公司、许林、陶伟侵犯著作权案

【关键词】知识产权保护　侵犯著作权罪　计算机软件　二进制代码　复制发行　避免"二次侵害"

【要旨】

通过反向工程获取芯片中二进制代码后,未经许可以

复制二进制代码方式制售权利人芯片的,应认定为复制发行计算机软件行为,违法所得数额较大或有其他严重情节的,以侵犯著作权罪追究刑事责任。对于以复制二进制代码方式制售权利人芯片的,应以二进制代码作为比对客体,综合全案证据认定计算机软件是否构成实质性相似。办案中应完善涉商业秘密证据的取证、鉴定、审查、质证方法,避免知识产权遭受"二次侵害"。